헛소리

조기호 시집
헛소리

■

인쇄 2012년 08월 22일
발행 2012년 08월 25일

■

지은이 조기호
펴낸곳 도서출판 문화의힘
펴낸이 이순옥

■

대전 동구 삼성1동 125-6
한밭오피스텔 406호/ 등록 제117호
전화 042-633-6537
전송 0505-489-6537

ISBN 978-89-90647-59-7

값 10,000원

조기호 열여섯 번째 시집

헛소리

도서출판 문화의 힘

울 수도 웃을 수도 없는 묘한 처지에 섰습니다.

열여섯 번째 시집을 낸답시고 그간 쓴 백오십여 편 중에서 간추려 들고 서보니 이게 전부인가 싶어 열없어서 겸연쩍고 부끄럽고 남세스럽기도 합니다.

글공부한답시고 60년을 쪼그리고 앉은 게 겨우 이것인가 의기소침도 되며 천 몇 백 편을 써 온 글솜씨가 이처럼 치졸하였던가 후회스럽기도 합니다. 러시아 사람 투르게네프가 〈시는 신의 말이다〉라며 시란 신들의 몽리구역임으로 인간은 신의 영역에 침범하지 말라고 경고하였거늘 그걸 주전머리 없이 신의 영역을 언감생심 널름널름 지범거린 꼬락서니가 아닌가 생각되기도 했습니다.

그러다가도 그냥 세상 살아온 대로 알기 쉽고 읽기 쉽게 적어 보자고 한 것임에는 틀림없다는 작은 위안으로 눈가림을 하자고 했습니다.

며칠 전 김주연 교수가 평론집 『미니멀 투어 스토리 만들기』에서 요즘의 난해한 서술로 소통을 외면한 문학 작품과 비평들을 일러서 "문학은 혼자 잘난 체하는 어떤 화석화 된 관념이 아니라 그 스스로 변화와 생성, 파괴를 거듭하면서 인간을 부단히 자유롭게 하는 것"이라고 했습니다.

제가 아무리 시 쓰는 재주가 없기로서니 한 행 안에서 시어와 시어가, 그림씨와 어찌씨가 토씨와 대갈박질을 하고 위 행과 아래 행이 서로 얼굴을 붉히며 나 몰라라 하며, 앞 연과 뒤 연이 각기 다른 노조를 결성하여 멱살잡이하는 걸 한 그물로 엉금엉금 엮어서 한 편의 시라고 꾸며내는 재주를 부릴 수는 정말 없었습니다.

그것이 요새 유행하는 첨단 시, 즉 복잡하고 용량이 많아진 사유와 철학과 실존을 새로운 시 형태로 담아야 한다는 변명과 또한 새로운 그릇이 되어야 하고, 정말 어려운 시, 난해시가 될 수밖에 없는 이유라 해도 나는 그리할 수가 없었습니다. 왜냐면 내가 쓴 시를 내가 몰라보는 오류를 범하기가 죽어도 싫었기 때문이었습니다.

여기 술주정 같은 헛소리 몇 줄 적어 봤습니다. 그냥 마음 편하게 읽어주시면 감사하겠습니다.

2012년 7월
大㟧偶 精舍 에서
草浦 趙紀浩 적음

■ 서시

좋은 시 한 편

휴가 나온 내 영혼이 저기 걸어간다
순한 마음과
선한 생각이
맨발로 걸어간다
아무것도 못 채운 텅 빈 내가
꾀벗은 종소리로 울며 반추한다
조팝꽃이 낙상하여 추억으로 승천한다
이런 아침에 좋은 시 한 편 얻으면
열흘을 굶어도 좋아라

둘째 마당 *풍경*

셋째 마당 *그리움을 풀어서*

넷째 마당 *꽃과 그리움, 연꽃진달래꽃 어머니*

다섯째 마당 *산사 가는 길*

여섯째 마당 *개찬이의 추억*

일곱째 마당 *개꿈*

첫째 마당

사유

슬픈 무게

조금 슬퍼서
그놈의 무게를 달아보려
새벽 물안개 앉히듯 떠보다가
문득
당신의 슬픔 무게를 달아보려
젖은 눈까풀을 떠 보았으나
너무 멀리 선 당신의 거리가
아득하기만 하여
내 마음 눈금에는
기별도 없네

봄비

잎 진 모과나무 가지에
눈물 같은 빗물이
그렁그렁 맺힌다

이 비 그치고 나면
아직 뜸이 덜 든
너와 나 사랑도
새움 돋아나려나

헛소리

내 하품으로 오염된 사무실의 체온이 찌뿌듯한 하오 3시의 끝동, 친구는 맞은편 소파에 앉아 예수 모가지만큼만 고개를 떨어뜨려 조울고 네가 가져다 준 〈깅기아〉난 꽃잎이 연분홍 눈까풀을 내려 깐 새치름한 눈짓으로 삐끼마냥 간음을 하잔다
그건 질문도 없는 해답이다

하품 뒤 따라온 눈물은 그렇게 왔다

내 가슴이 월식만큼 파 먹히면서 풀풀 풍기는 썩은 내로 지독한 암울과 고독을 불러들이듯 데리고 온 속울음이 비어져 나온게다

한결 엷어진 햇살을 켜고 돌 귀에 보청기를 꽂으면 너의 떨리는 그림자 들어와 쓰르라미 소리 기차 가는 소리 뜸북새 울고 윙윙윙- 태양이 우는 이명만 사무치게 들린다

아스라한 절벽 위 수로 부인의 초경보다 더 붉은 철쭉꽃이 쑥꾹새 울음으로 매달린 무주구천동 언덕길 낭떠러

지에서 자동차가 다섯 바퀴 구를 때 들리던 소리, 오래 들은 노래 같은 소리들이 잠결 되어 몰려오고

가끔 귀신이 부르는 헛소리도 들려와

너무 웃자란 네 모습을 우두둑 꺾어서 하얀 휴지통에 버린다. 해설피 강물처럼 멀리 멀리 돌아서 가을 편지마냥 눈물 가득 번진 얼굴이 되어 천년을 떠서 흐를 것이다.

사월

꽃은 웃어서
꽃이 되었습니다

나도
너에게 웃어
꽃이 되어야 합니다

해탈도 안 된 것이
향기야 피울까만은
손짓 발짓 모두 내어주는
꽃이 되려 합니다

그래도
돌아서 가신다 하시면
슬프게 오므라져 고요히 이울망정

너를 향하여
다소곳이 떨어지는
순한 꽃이 되어야 합니다

5월

아침 햇살 쫙– 펴지고
휘파람새 웁니다

가로수로 선 하얀 이팝꽃
고봉으로 피었습니다

예쁜 소녀 달음박질쳐 뛰어갑니다
싱그럽습니다

높은 하이힐 소리
5월 건반을 두드립니다

소나무, 어제도 그러더니
오늘도 푸르릅니다

늦은 봄과 헤어진 아이는
하늘 가득 푸른 그림을 그립니다

곡우

꽃인들 서운하지 않으랴
겨우 이틀 피었는데

비바람에 흩어지듯
우수수 지는 내 허전함을
꽃인들 시린 눈물짓지 않으랴

지는 게 끝이 아니라
시작이란다

나 죽어
저 꽃으로 다시 환생한다면
이렇게 비바람 상하게 흩날리는 날

꽃은 나로 태어나서
섭섭한 눈물방울 망울망울 매달아
소박하게 울어주면 되는 것을

하얀 여백 담긴
에밀레종 소리로

표창장과 감사패

일요일 아침
동네 목욕탕에서
70풍상을 벗기고 온
아내 얼굴이 말갛다

술 마시고 늦게 귀가한 날 밤
표창장이며 감사패랑
밑구멍이 화—하도록
분에 넘치는 지도편달은
그만 하사하시고

삼백예순엿새 날 저녁마다
저리 말간 얼굴이었으면
참 좋겠다

사유思惟 1

깨달음이 바람 같아서
천지간에 무던히 쓰여 있네

이른 새벽
베갯잇 사이로 감도는
정갈한 순리 하나 붙들지 못하고

내 아무리 구절초꽃 무늬로 울어도
사유思惟는
나무로 깎아 만든 풍경 소리로 지네

바람 가지 끝에
허공이 떨어져 쌓여
간이역으로 멀어지는데

문자 메시지 끊긴
그 사람 가고

솔찬히 철든 가을 앞에 앉아
이제야 철을 배워서

온 세상을 터득하였네

인생은 짧다가도
모질게 길고 길어지는 것

〈마릴린 먼로〉의 치맛자락마냥
보일 듯 보일 듯
설미친년 단속곳만큼도 안 보여주는 것을

초여름 사유

이팝꽃 고봉으로 피면
뭘 하게요

봄날이 앉기도 전에
여름에게 자리를 빼앗긴 봄볕
저만치 훌쩍이며 가는 걸

어차피 찾아온 계절에게
겨울 누룽지를 긁어주었습니다

떨어진 꽃잎처럼
눈물겨운 사람

쥐 소금 먹듯 야금야금
내 당신은
초여름 사유가 됩니다

새벽 물안개 때깔마냥
보드랍게 감기는 이야기들을
그득그득 몰고 오는 바람 끝에 앉아

내 손에 쥐어지는
아, 우윳빛 5월의 가슴이여

한 잎의 이파리 모여
숲을 이루고
한 올의 사랑이 모여
햇살 무성한 초여름이 만들어집니다

산이 울면

산이 울면
눈이 큰 가시내가
함박눈을 단발머리 채
이고 온다고 했습니다

봄비 젖은 허리춤마냥
낭창낭창 바람 노는데
흩날리는 눈송이 아득만 하고

산은
하얀 손수건을 흔들며
우우웅—
더 크게 울었습니다

왜 사냐면

마음 비우는 일
무얼 버리는 일
눈 감고 하늘 보는 일

끝내는
어딘가로 흘러가는 것

그런 일 죄 부질없고
다만 한 가지
뼛속 골수까지 시로 가득 찬 사람

술이랑 함께
그렇게 살고픈 게다

풋마늘

겨우 아지랑이 배냇눈 뜬 이른 봄날
외상값 많이 달린 술청에 앉아
손님상에 내보낼 풋마늘을
우리 텃밭에서 한 소쿠리 뽑아다 주겠다며
술집 아가씨를 얼러서
몽땅 훔쳐다 놓고
여릿여릿 톡 쏘는 풋마늘 대궁을
찹쌀고추장에 쿡 찍어
술 한 잔 맛나게 깨무는 판에
수금 나갔다 돌아온 주인 여자
야! 이 썩을 년아
그 화상 낯바닥을 좀 봐라
저 웬수가 텃밭에 마늘 농사 지어먹고 살
위인 짝으로 보이냐?
에라이 오사서 빼 죽일년러 가시내야, 쯧쯧
악담을 퍼붓더니만
술상 모서리에 털푸덕 주저앉으며
아, 목말라, 어여 술 따라 이 도둑놈의 화상아
빈 술잔을 불쑥 내미는
저 웃음 베어 문 낯꽃이라니

장미 한 송이

앞에 가는 개미허리 여인이
아파트 화단에 핀
꽃송이를 잡아
향기를 맡고 간다

나도 덩달아 맡아봤더니
꽃향기는 별로고
그 여인 향내만 묻어난다

이 길 걸어가며
볼우물 부비고 갔을
내 여인 내음은 더더구나 없다

눈부신 아침 하늘
꽃비암 한 뼘 화사하게 기어간다

금강나루 황복쟁이집

허리를 꺾어야 들어앉는 방구석보담
한쪽 다리를 돌멩이로 고인
대나무 평상에 척 앉으면
눈에 뵈는 풍광이며 뒷덜미가 채 시원해 좋았습니다
낫살이나 잡쉈는지 이빨이 몽땅 빠진 개다리소반을
불뚝 나온 배 위에 얹은 주모가 뒤뚱뒤뚱 걸어옵니다
등 뒤로나 어림대보면 모를까
앞으로는 가망도 없겠다며 친구가 푸념조로 투덜댑니다
사금파리처럼 반짝이는 금강물이 고운 눈을 흘기며 지나갑니다
째보선창 지나서 〈최무선〉의 진포 거쳐 곰나루 얼씬거리다가
물어물어 거슬러 올라온
송화란 년 〈서편제〉 남도가락이
갈잎 바람소리같이
울먹이는 금강 물소리마냥 흐느적거렸습니다
뚝배기보다는 장맛이었다던가
술에 미치고 살냄새 나는 소리에 미쳐서
주모의 속치마가 흘러내리도록 춤춘 것밖엔

난 모릅니다
금강물이 아주 흐르지 않는대도 정말 난 모릅니다
아무도 캐내지 않은 노을이었던 것을
그때 떼먹은 외상 술값을 30년도 지난
서너 달포 전에야 비시기 갚았습니다

사랑 · 조율

바람은
자연 소리를 조율하고

아침 새 울음
내 마음 소리를 조율하는데

연초록 파릇파릇 돋은
당신 볼우물 소리
꽃잎 지는 봄날을 조율하시네

그대, 신록의 여왕 5월에
수채화 닮은 사랑으로
하늘 눈까풀을 조율하시려는가

둘째 마당

풍경

꽃나무

십오 촉 전등 나가듯
태양이 꺼지고
별들도 모두 꺼지고

사랑하는 사람도
눈물 마르듯 꺼져버린 뒤

불 꺼진 하현달을 부삽 삼아
꽃나무를 심으리라

마음은 블랙홀 아가리만큼 열리고
화석으로 굳어진 사랑은 꽃이 되리니

그 꽃봉오리 벙글어
영원을
한 삼십 촉쯤 광열비 나오려나.

꽃

당신은 나에게
오고 감이 없습니다

나는 당신에게
울음도 웃음도 아닙니다

더더욱 우리는
꿈도 생시도 아닙니다

만화滿花 천계天癸여
하늘 달거리
한 떨기 꽃이었다가

위봉산성 너머 우는 새
깊은 봄날 꾀꼬리였습니다

꽃 지는 날

꽃 지는 건
새가 울어 그렇고

새가 우는 건
꽃이 또 미어지게 웃어서 그렇다네

꽃을 버려서
열매 얻듯이

앞산 청치마 자락
그늘 지우더니

바람 버려서
비 묻어오네

조울다가 깨닫다가
시름시름 삭은 마누라 읽다가

하품도 더러 하다가
심심하다가

하루를 버리다가
또 하루를 맺어보네

하늘 그림자 얼씬거리듯
나 술 익어 떠내려가면

그대 세월 들고 저만치
안개 강을 설마 설마 건너가겠지

봄비 오시면

이 비 지나면
내 마음 뒷밭에 매어 논
복상나무 과수원
눈물 달린 복사꽃 환하겠다

산 가시네 젖멍울 키우듯
갯가재 눈처럼 돋아나는
봄 나무 눈 싹들의 이야기가
새봄을 지피우고
겨우내 언 꽃샘추위도 풀리는데

까짓 언 가슴들이야
너와 나
귀 잡고 눈 맞춰 촉촉하게
풋웃음 한 바가지
흠뻑 뿜어 안 풀어지랴

망각

당신은 그렇습니다

봄날을 집어먹은
지리산 바래봉 철쭉꽃인들

바람 없어도 날아와
봉서산 까중가리나무 노랑 꾀꼬리 울고

당신은 그렇습니다

은 가새로 무지개를
싹둑 잘라내어
살구꽃 구경 나온 하얀 고무신

후드득후드득 떨어지는
별을 집어삼키듯
아물아물
아지랑이 끝 메아리 지고

당신은 영영 그렇습니다

코스모스 4

가늣한 그리움이
깊어져 붉다

장구목 가는 허리
하르르 화관무 돌고

이매창 춤사위 자지러진
버선코빼기

스란치마 올려 차서
청자 색깔 하늘 깨지는 소리

꽃샘추위

살맛이 아주 치운 겨울이 오면
머리가 얼어서
글이 떠오르지 않는다

이럴 땐 가슴까지 얼어버려서
네 생각조차 나지 않았으면 좋겠다

섬진강 장구목에 홍매화 피고
얼음장 풀려
찢어지게 산벚꽃 피면
글이야 돌아와 좋으련만

또다시
네 생각 복사꽃으로 환하게 피어나서
미치게 그리워지면 어찌 산다냐

차라리 꽃샘추위 속으로 기어들어가
네 생각 꽁꽁 얼린
동면의 꿈나라로 숨어버리고 싶다

풍경風磬 2

– 풍경은 눈을 감지 못한다

너는 바람이 빚은
하늘 소리다

허공에 매달려
하늘을 대롱대롱 가지고 놀다가

누추한 바람도
너를 스치면 청아하고

외로운 햇살도
너를 만나면 향기로워라

가을 하늘 잎사귀 다 져도
그 사람 젖어 오면 사랑이 주렁주렁 열리듯

덧없는 시간도
네 앞에 서면 한없이 멈춰 서는 것

그리하여
깨었거나 잠들거나
풍경은 눈을 감지 못한다

풍경風磬 3

아무 말도 안 했는데
지가 혼자 웃었습니다

정말 아무 말도 안 했는데
지가 혼자 노랠 불렀습니다

죽어도 아무 말 안 했는데
지가 그만 울어버렸습니다

잊어버리자고
잊어버리자고

마른번개 진저리치듯
저 홀로 흐느끼더니

화엄제비꽃쯤에 가 이른
그녀는
육탈된 바람이 되었습니다

초가을 맞이

초가을 바람에
8월은 펄럭거리고

토스카의 가곡이 흐르는
〈카루소〉의 음정처럼
떨리는 햇살 가에
당신은 가을 수수모가지로 서서 걸어옵니다

오늘은 새털구름이었으면
참 좋겠습니다

성황당을 기워 입은
초가실의 문양이
가을 성당 유리창의
〈스테인드글라스〉 모자이크마냥
내 가슴을 울긋불긋 칠하여
세월을 재촉하는데

당신이 허락한 만큼만
사랑하기엔

남은 시간이 너무나 짧아

오목눈이 제 부리로 가슴 털 파듯
아쉬운 가슴만
무던히 쥐어뜯고 섰습니다

해바라기

내 이승의 마음 한 모금도
아낌없이 허락하였습니다

모가지가 비틀어져 꼬이도록
하루를 따라다녔습니다

오늘도 제가 먼저
문안 올립니다

어제도 그랬고요
그제도 그렇습니다

아마 내일치 기별도
아무리 그럴 거겠지만

아날로그 추억으로 인화된
당신만 화석처럼 남아서

하루를 종일토록
당신 바라기에 사랑했습니다

셋째 마당

그리움을 풀어서

개타령

당신과 나, 우리 개 한 마리 키우자
당신은 개 모가지에 당신 눈물 닮은 방울을 달아주고
나는 개똥이나 치우면서
사는 게 개판으로 돌아가는 세상이잖아
밤이면 우리도 개처럼 흘레를 붙자
어떤 날은 개머리판 같은 세상을 쓰다듬어 주다가
책보 풀듯 그놈의 사나운 세상을 풀어보다가
잘못 물려 피가 철철 흐르는 손을 개처럼 핥아주렴
복날 개 패듯이 아랫것들을 때려잡는 물가고와
쓰잘데기 없이 헐거운 것들의 홍수에 빠져 개헤엄으로 허우적거리다가 차갑고 서럽고 더러워서 눈물 나다가
이 갈리는 이놈의 이승
미친년 오줌 갈기듯 찔끔찔끔 눈물을 싸자
그리고 당신과 나의 가난한 침묵으로 누우렇게 바랜 도화지를 꺼내 놓고 연필심에 개침을 연신 발라가며 개 자字 그림을 그리자

개나리 개진달래꽃 개불알꽃 개벚나무 개똥참외 개살구 개밥바라기 떠서 웃어도
개나발 개발싸개 개방귀 개꿈 개떡 같은 것

개 자 돌림 내 친구 개찬이 개몽눈이 개병호 개정환이 개원복이 일찌감치 별에 가서 반짝이는 드런 놈도 있어 개잡놈들 눈물 나게 보고 싶어지고

개다리소반에 파전 한 장 부쳐놓고 탁배기 두어 사발이면 우리 할아버지 곱장리 쌀 펴주고 산 벼슬, 개다리참봉도 부럽지 않아

개개비 개고마리 개꿩 개똥벌레 개똥지빠귀마냥 훨훨 날아가서

개난초 개두릅 개망초 개머루 개머위 개쇠뜨기 개쑥부쟁이 개양귀비가 수런수런 어우러져 사는 골짜기에 나도 함께 뒹굴며 살았으면

그림자 없는 사랑은 바람을 닮아 쏜살같이 산그림자 속으로 사라지고

아무데서나 피는 개민주주의 개나발 개떡 같은 눈물바람이라도

물총새의 오색 꿈마냥 네 다리를 쭉쭉 뻗는 오르가즘으로 죽어가는 한 여름날

오늘 아침 벚꽃 눈이 열한 살 계집애 젖꼭지만큼 발그스름 망울졌는데 저것 물올라 툭툭 터트려 꽃으로 피어나면 환장하게 속상해서 어찌 본다냐?

휘영청 달보고 짖다가 전라도 육자배기 가락에 싸가지 없이 눈곱 빠지게 짖어대다가 춘향이 오리정 작별하는 대목으로 모가지가 찢어지게 쏘락배기 내지르는 개 한 마리 어우렁더우렁 곰살맞게 키워보자

그리움

잊으신 김에
아주 잊어버리시라고

그 쪽으로는
돌아보지도 않았습니다

내쏜 정을
탓하여 무엇하랴만

산수유꽃 호접난
〈깅기아난〉 꽃이 지는 속내를
새로이 움트는 속 빠진 영혼이야 알 리 없고

천년을 서서 죽은
무주구천동 덕유산 설천봉
주목나무처럼
기다림도 잊은 지 오래 오래인 걸

마른 삭정이 닮은 노래가
시가 된들 무엇하리

잊어도 아주 까맣게 잊으시라고

웬수놈의 그리움마저
죽어도 아니 보내려 가뒀습니다

풍화된 사람

나무의 나이처럼
아무도
저 사람 속마음을 모른다

나무는 잘려진 무늬로
제 눈금을 말하듯

저 사람 갈 봄 여름 겨울의
깊은 속 나이테를
밑동을 자르면 알 수 있을까

눈웃음 베어 먹은
그윽한 눈

세찬 비바람 무수히 다스렸을
약간 풍화된 콧날

강물만큼 조금 푸르게
꼭 다문 입술

주저리주저리 열릴 이야기 없고
늦가을에 내리는 비 같은 사람

천년이 가도
저 사람 속마음
저녀러 시금털털한 세월을
열어보기 전엔 아무도 모를게다

그리움을 풀어서

언제나 그리움으로 이승을 살았고
그리움을 풀어서 시를 썼습니다

인생살이 공수래공수거는
너무 심심하고 호젓하여

돈도 명예도 권력도
아무것도 멀리 돌아앉은 것

잠시 머물고 간 이승
다녀간 표징으로
시인 하나 얻어 가려는데

붓다여
그마저도 벗어놓고 가라 하시는가

이 또한 업보라면
삼천세세 무간지옥일지라도

그리움의 시
그 업보만은 짊어지고 싶습니다

첫 봄비

마른 가오리 좍좍 찢어놓고
찬 맥주를 따릅니다

가늘지도 굵지도 않은 봄비가
허름한 내 가슴으로 내립니다
3월에 오는 첫 봄비는
외롭지 않아서 좋습니다

지독했던 지난겨울 추위로
음력 선달에 피는
납매화臘梅花 꽃송이 아직 이르고

가슴이 먹먹한 안개들만
수런수런 동백나무에 걸터앉아
이른 봄을 만지작거리는데

붉은 꽃잎 뚝뚝 듣는다던 춘백 가지
향내 묻은 동박새가
더디게 웁니다
그 사람만큼이나 참 더디게 웁니다

4월에 내리는 눈

긴긴 겨울을 훌훌 벗어던지고
성큼 현신하신
4월의 벚나무 아래 서 보아라
저게 눈송이지
어디 꽃이라더냐

눈물이 찔끔 나도록
펄펄 날리는 눈보라 속

저 흩날리는 눈발 끝에
비가 내리네
꽃비가 흘러내리네
아름다운 사람들 모두 다 떠나가네

눈앞에 맴돌아 떨어지는
아득한 춤사위
열두 발 상모가 돌아가네
날피리 설장구 소고춤이 싸잡아 휘돌아가네

꽃이파리들이 아픔이 저려서

울며 도는 걸
봄날의 네가 어찌 안다더냐

한 번도 사랑 받은 적 없어
변두머리 앓던 사람아
꽃잎이 진다고
4월의 이승이 희끗희끗 떠내려간다고
어쩔 것인가
꽃보다 추억이 더 아름다운 것을

수척한 사랑이 가네
봄날이 가네

마음이 가려워서

단풍 구경 갔다가 옻오른 여인
얼굴이 우둘투둘
조선만큼 부어올라
못 뵌다기에
얼마나 가렵냐고만 했는데

선생님!
얼굴만 쬐끔 가렵거든요오-
밝은 목소리로
앙칼지게 앵돌아진다

나 원 참
무른 살 오금팽이 같은 데
어드메 깊은 곳이 가렵냐고
묻지는 안했는데

얼마나 심하면 저러랴 싶어
가슴 한구석 시리더니
마음이 가려워서
사흘 밤을 긁었다

나

가늘고 긴 전신주가
내 몸의 두틔보다 더 두꺼운 걸 오늘 알았다
전신주 그늘에 가려
내 그늘은 없어서 보이지 않았다
이렇게 작은 게 나였다

풍매화風媒花에 꽃가루받이가 이루어지도록
스치는 바람조차도 살가운데
내 사랑은 아직도 당신의 곁에 이르지 못하고
헛걸음으로 맴돌다 스러졌다
이렇게 하찮고 무기력한 게 나였다

아무리 꽃 다 진 나무라 해도
그늘을 만들어 여름을 식혀주는데
당신을 위한 그늘 한 뼘 널어놓지 못했다
이렇게 무심하고 나약한 게 나였다

익지도 못하고 떨어질 도사리로
일흔 지난 이제 모두 그만두고
빨간 양귀비 꽃밭에 누워
마지막 이승의 말로 하늘이나 읽고 싶다

스냅사진 한 장

나이 서른에 만든 아들에게서
시계를 되돌려 놓은 모습
삼십 년 전 나를 만났다

우리 아버지도 생전에
당신의 모습을
나에게서 만나셨을까

이대로 삼십 년이 더 지나
저 녀석이
내 나이쯤 될 때면
이처럼 허름하게 어리벙벙한
늙은이로 변해 있으려나

떠돌다가 떠돌다가
서로가 잠깐 머문 이승에서
핏줄 풀어 찍은 스냅사진 한 장

아침 소묘

오늘 출근길에도 두 번 앉아 쉰다
고추잠자리가 무심을 스쳐 난다
비둘기는 해탈에 앉아
말동말똥 해바라기 중이고
개미가 손등 위로 일상을 기어간다
초등학생이 흘리고 간 연필을 주워
아침 기지개 켠 하늘을 그린다
부동산 중개가 잘 안 되는지
욕지거리가 길을 건너온다
씨발 좆같이
그래도 철공소 그라인더는 돌아가
생계를 갈아대는 쇳소리가 날카롭다
건어물집 짭짜래한 냄새가
모닝커피 배달 나온 아가씨
미니스커트 자락에서 풍겨 나온다
그 향내 아찔하여 해장 수음에 잠긴다
성경에 쓰인 간음이 아니라고
두 다리를 쭉 뻗다가
허리 통증에 혼미해진다

당신 마음을 지범거리다가

비 그친 새벽하늘
7월의 상큼함은
당신으로 그윽하십니다

나 죽어
해마다 치자꽃으로
저 향기 당신을 어루는
바람으로 환생하고 싶습니다

오다 말고
가다 말고
제 맘 내키는 대로

한소끔씩 덜어주어
내 속을 질척거리게 만들더니

어느새 당신 마음을
지범거리는 버릇
일흔 너머 배웠습니다

대바라기

내 아파트는 19층 원두막
가끔 환인이 내려와 쉬어가고
더위 먹은 여름이 등물도 하고 간다
바람은 제 집인 양
허물없이 지나다니고

어제는 청상의 밤안개가
내 목숨 펼쳐놓은 듯
그윽이 굽어보더니만
오늘은 히야–
쌍무지개 떴다

바람에 닿으면
인생도 삭아 늙는다는데
물 많은 바다가
소금기로 노상 목말라 뒤척이듯

끝물에 따 들이지 못하여
서리 맞고 말라버려 대바라기 같은 나
홀로 미망에 누웠다

겨울바다

설산雪山에서 천만년쯤 산
섣달그믐이 걸어오던 날
겨울바다에 갔네

한 얼굴이 가고
한 얼굴이 오시네

겨울바다는 영혼을 씻어주는 곳
불알 두 쪽까지
쩔쩔 끓는 설움도
아득한 눈썹 끝으로 말끔히 닦아주는 곳

한 눈물이 지고
한 눈물이 피어나네

마른 계절 거둬들인 추녀 끝
풍경소리 댕그랑 떨어질 때
나를 씻겨주시던
바다는 어머니였네

한 살이 가고, 한 살이 오는데
나이만 하나 더 불었네

그래도 바다는 우주에서
가장 반짝이는 별이었네

헛소리

넷째 마당

꽃과 그리움, 연꽃 진달래꽃 어머니

콩깻묵 꽃

– 식민시대

자운영 꽃밭의 봄날은 사타구니가 찢어지게 붉습니다. 배가 고파서 자운영 뜯으러 간 누님의 단속곳이 지주네 머슴 놈에게 엎질러져 저리 붉습니다 그 향내 맡으러 나온 늘메기 꽃비암의 울긋불긋한 몸뚱어리 문양도 찔레꽃 가시덤불에 걸린 뱀허물도 그때 묻어 저리 화사합니다

맨발이었습니다. 일곱 살 어린것이 책보를 등에 메고 삘기를 뽑아 배를 채우며 자운영꽃을 지나 이십 리 자갈길로 식민지를 걸어서 고꾸민각고*를 갑니다. 자운영에 콩깻묵을 버무린 아침을 먹고 맨발로 걸어갑니다. 자운영꽃 위에 골마지마냥 시퍼렇게 탕이 슨 콩깻묵 곰팡이 꽃이 허기진 눈으로 겹쳐 보입니다

하현달이 삐쳐 우는 소리를 소매깃으로 훔쳐 닦아주다가 쏟아지는 별빛에 쏘여서 오십견이 걸린 섬진강 기찻길을 지나다 보면 자운영 바랑을 맨 지리산이 강물에 아랫도리를 담근 채 후적후적 뒷물하는 봄날이 선연합니다

자운영꽃에 미치고 홀딱 반한 물총새는 그만 울고 싶어집니다. 달거리도 꿈 때깔도 깊어집니다. 저 아래 남쪽

나라 풀잎 뽑아 눈썹에 꽂은 은어 떼가 봄결을 저어서 올라옵니다. 강물엔 그 사람 가고 나만 남아 메아리도 깊은 잠이 들어 면목없습니다

*고꾸민각고 : 초등학교

연꽃진달래꽃 어머니

꽃 가랑이 아래서 태어나 꽃술에 빠져 술을 머금은 채 헤롱거리다가 꽃을 안고 뒹굴었습니다. 허물도 못 차리고 쑥꾹새 우는 밤도 못 걸어가 보고 언제쯤 날이 새려나. 감나무 밑에 앉아 우는 누님만 하염없이 그려보다가 복사꽃은 떨어져 흩어졌습니다. 그렇게 인생 흩어지고 문득

어머니는 꽃이었습니다
그 가녀린 줄기에 개똥참외가 다섯 알이나 다닥다닥 달라붙은 아주까리 꽃이었습니다

이승 뜨시던 날 한 줄기 주르르 흘리신 눈물 그게 마지막 피운 꽃이었습니다. 평생을 가꾸고 모아서 피우신 절통의 한으로 이룬 한 떨기 꽃 천 길 낭떠러지 위봉폭포에 높이 매달린 연화왕생 연꽃진달래꽃이었습니다

칠성사이다 한 모금이 그리도 마시고 싶다시더니
가랑비 평생을 내리게 하시고
기운 속곳 부끄러워 않으시고도
살구꽃 환한 길을 꺾어 바쳐 드리올 때
천년 학 하늘가 연잎에 내려앉으시옵소서

첫사랑 꽃

나는 꽃 속에서 태어났고 꽃을 찾아 술 마시다 꽃을 품고 잠들다가 꽃 이파리 팔랑이는 가녀린 미소로 잠을 깬 어느 날

꽃, 참꽃이었습니다

앞섬 뒷섬 금강물이 휘돌아나가는 산모퉁이 가슴에서 다듬이질 소리가 또드락거리고 정신이 몽롱해지도록 환장하게 고운 한 떨기 꽃이 홀연히 피었습니다. 서귀포 정방폭포에 날아오르거나 천지연 물보라 실안개 속에 피었던 꽃송이거나, 무주구천동 굽이굽이 33경 꺾어진 수성대 바위틈에 꽂힌 꽃떨기든가, 파회芭回 휘도는 모퉁이 송이버섯 향기로 서 있던 꽃이었다가 어느새 물레방아 집 밥상머리에 앉아 조신하게 핀 꽃이었습니다.

그녀러 가시네

내 젊은 가슴을 모조리 파먹어 버렸습니다, 폐결핵보다 더 진하게 훑어가고 빈 강정만 초라하게 여기 남았습니다. 본시 고운 장미는 눈물 나게 매운 가시가 있는 줄을 미처 몰랐습니다.

달과 오랑캐꽃

놋대야 속 맑은 물
거울 안에 달이 뜹니다

달은 피고 지는 꽃
이별과 만남으로 완결하는
사랑의 모습

오랑캐가 달을
콱– 물어가 버렸습니다

능금꽃 피면

꽃잎을 입은 여인의 숨결은
앞 강물 소리 우러러본
천년의 노래다

창조 이전에 혼돈의 소린 게다
생명이 멋 부리는
최상의 교태 소리인 게다

어제 받은 편지는
눈물이 왈칵 쏟아졌다

파아란 울음이 되어
지천으로 흩날린다

푸릇푸릇 보리밭이 일렁거린다

눈 꽃잎이 날리네

가슴이 부서져도 좋습니다
간밤 꾸던 꿈이
저만치 웃으며 갑니다
당신만 오신다면
무언들 소용이겠습니까

이파리 다 지고
나무도 줄기도 가지도 없이 피는 꽃
12월의 내 가슴에
피어 사는 꽃

섬진강 매실 꽃이 무수히 흩날립니다
설장구 소리 가야금 퉁기는 소리 팽팽하고
동편제 더늠 소리 복장을 칩니다

그리움이 자지러집니다
코끝이 찡하게 아우러집니다
눈물이 흥건히 고였습니다
아-, 당신 모습이 환해집니다
저어기 당신의 화관무

눈꽃 춤사위 무르익어 난분분 휘돌아갑니다

먼 먼 벌판에서
그림 山마냥
떠오르는 아지랑이 꽃을
아득한 추임새 속으로
혼곤히 녹아듭니다

– 얼씨구절씨구 지화자 좋네

빨갱이 꽃

성모님 이름 마리아는
히브리어로 '슬픔' 〈비애〉의 뜻이라는데

우리 어머님 이름은
〈빨갱이 예편네〉로 청춘을 죽어 살아
마리아만큼 기구하게 산 세월로

산골짜기 가시덤불 속
서럽게 핀 하얀 들꽃으로 사셨습니다

어머니는 아리고 아릿해서
안고 싶은 여인보담
안기고 싶은 여인이여

천년을 가도
우는 빨갱이 꽃입니다

막이야기꾼 아우 문창

노송동인가 지하 맥줏집에서
처음 만난 날

저렇게 더듬거려서
어떻게 국어 선생을 해먹었다냐?
– 그래도 글은 막힘 없이 아주 잘 써요
후백제 술꾼 진동규 시인의 대답이었다

두꺼비 손을 들이밀며
악수를 청하고 자기 이름 우물거릴 때부터
나는 '아우문창'이라고 부르기로 작심을 했다
썩을 놈 가소로운 녀석
지가 어떻게 '형문창'이겠는가
'아우' 문창이면 '아우문창'일 것이지

그런데 이것 봐라!
나보다 술을 더 맛있게 마시네
두꺼비 파리 채 먹듯
저 더듬거리는 입술로 술잔을 베어 먹는 솜씨가
하아– 소문난 술꾼 진동규보다 훨씬 윗길일세 그려

지가 아끼는 여류 문인 제자에게
'꼴리는 대로 하라'는 비속어를 가르쳐 놓고도
상수리 열매보다 더 커다란 두 눈을
끔벅도 않고 소주잔만 낚아채 먹는 저녀러 해학

소설을 쓰겠다고
철밥통 훈장질을 때려치고
소설 속으로 들어가서
소설같이 살다 간 사람

성씨가 '형'이 아니라
소주가 형으로 살다 간 사람
그것도 딴 술은 모두 비려서 못 마시고
하이트 소주만 찾다가 떠난 술꾼

서양 귀신 믿는 천주학쟁이 이야기꾼
아우문창 썩을 놈
물속에서 교미하는 습성도 없고
도둑도 못 지키며
귀신을 놀라게 하는 재주가 없는 나
'때깨우 성'에게

[참말같이 쓴 소설(1)] - 〈거위의 꿈〉을
이승의 마지막 이야기로
아리고 눈물겹게 도타운 정나미를

내 가슴팍에 묻어놓고
소주병 거느리고 저만 홀로 떠나갔다

검정 무쇠로 부어 지은 가마솥 뚜껑 같은 사람
뜸이 들면 주르르 눈물 한 방울
흘릴 줄 아는 글쟁이 그 사람
술을 아주 맛있게 마실 줄 아는 친구 하나 갔다

간 지 얼마 안 돼 저승 번지를 모르면
인터넷 카페 〈좋은소설〉인가
〈또랑또랑〉이라던가
주소를 알려오는 날
하이트 소주 몇 상자쯤 짊어지고 찾아가야겠다

위봉산성의 봄

아버지가 낚은 봄은 어머니였습니다

명주실꾸리가 서너 개 다 풀려도 끝이 닿지 않는다는 위봉폭포 깊고 캄캄한 용소에다 추졸산 호랭이 한 마리 미끼로 끼워 찌 없는 낚시를 드리우고 늘어지게 봄꿈을 꾸었습니다

천년을 뒤척이며 어둠 한 사발, 침묵 한 대접, 화두 한 접시 차려놓고 하늘 오를 날만을 고대하던 이무기가 태조 이성계 귀신을 지키던 위봉산성 성城 참봉의 둘째 딸로 둔갑하여 유화부인 해모수 사추리 물듯 호랭이를 덥석 물고 올라와서 어머니가 되었습니다

우리 아버지의 뱃대 치는 낚싯대 꼬임에 시절을 잘못 읽고 낚여온 어머니는 똘밤만 한 새깽이들 다섯 개나 만들어 놓고 저 혼자 훌쩍 도망가버린 서방 때문에 평생을 빨갱이 여편네로 징그럽게 고생고생하더니 이것도 용 못된 이무기의 업이려니 피눈물을 씻으며 살다가 이승 뜰 땐 날름거리던 이무기의 갈라진 혓바닥도, 아직 덜 여문 여의주도 없어 용오름을 못하고 한 줄기 눈물만 주르르

흘리시면서 전설같이 승천하셨습니다

그날부터 위봉산성 사십 리 성터에는 어머니 젖꽃판 닮은 개진달래꽃이 진달래꽃만 진달래꽃만 피는 봄이 왔습니다 새들은 봄날의 속살처럼 희죽희죽 웃다가 여린 바람결에도 꽃이파리 꽃술 나부끼는 우리 어머니 울음 색깔로 울기 시작했습니다. 어쩌다 장끼 한 마리 푸르릉 앞산 솔푸덩 속으로 날아갑디다만,

참말로 미치도록 환장하게 꽃물결 이룬 위봉산성 진달래꽃은 위봉폭포 이무기가 서러워서 못다 운 용틀임 눈물, 우리 어머니 저승 가실 때 마지막 흘리시던 눈물 색깔로 이 봄을 울고 자빠졌습니다

*추줄산 : 위봉산의 다른 이름

백두산 두메양귀비꽃

꽃이었습니다
가도 가도 끝이 없는 만주 벌판
삼복더위에 선풍기도 없고
창문조차 열리지 않는 외국인 전용 특별열차
주먹보다 더 큰 별들이 차창 안으로 쏟아져 내리는데
60도 독한 배갈에 취한
시인놈들 미친 개지랄을 쳐다보며
배시시 웃기만 하시던 맨드라미꽃이었습니다

그리운 옛님은 고사하고 두만강 푸른 물도 어림없는
실개천 흐린 물 건너
사람도 바람도 소리조차 간 곳이 없어
축 늘어진 인민공화국 깃발만
김일성 초상화를 데불고 뚜벅뚜벅 걸어오는
투먼圖們 강가에 개구리참외 열린
조선참외꽃이었습니다

독립군 남편 찾아 만주벌을 헤매다가
투먼에 이르러서야 전사 소식 듣고
밤새워 피눈물로 흐느껴 울었다던

조선 여인이 안쓰러워 눈물 글썽거리시던
한 떨기 봉선화꽃이었습니다

미치도록 무서웁고 경건하여
고요가 정지된 백두산 천지 위
저 푸른 쪽빛 바위구절초 꽃이 되었다가
아리랑 노래가 목에 걸려
목울음을 삼키고 섰는 노랑만병초꽃이거나
장군봉 바위틈에 핀 물사리꽃 아래
노상 웃고 서 계신 두메양귀비꽃이었습니다

이별 입맞춤

기다리는 것들은 모두 그리운 것
오시는 날
멀어서 더욱 그리운 것
눈물이 찔끔 나도록 그리운 것
한 해에 한 번 피우는 살구꽃
그 아래 서성이는
꽃 진 자리 당신

떠나가는 것들은 아름다운 것
궂은 비 끌어안고 멀어지는
기적소리 같은 거
어느 해 여름 정방폭포
눈물 진 자리
그리고 봄바다 찢어지게 웃어주는 산벚꽃
당신의 짜디짠
이별 입맞춤

다섯째 마당

산사 가는 길

낙우송落羽松이 보이는 풍경

붉은 갈색
고깔모자 쓴 낙우송

새의 깃털이
우수수 떨어지는 소나무

스칸디나비아의 가을 풍광처럼
첫눈도 내리지 않은
11월의 어디쯤 내가 서 있네

먼 먼 북구北歐의 소인 찍힌
그림엽서에 들어앉아
외로움 타는 가을 이방인

사랑을 모르고 살다가
모른다는 걸 겨우 알아갈 때
이미 맑은 노을이었네

너 가고
낙엽같이 쏟아지는 그리움만

켜켜이 쌓이는 것을

이제 와 저 낙우송과
메타세쿼이아를 구분한들
새삼 무엇이 달라지겠는가

갈숲에 서서

아직도 겨울이 남아 사는
순천만 갈대밭엔
만나는 여인마다
네 얼굴은 아니었다

가랑이를 벌리고 자빠진
순천만
폐경된 겨울 바다
그 년은
짭조름한 내음도 가셔버리고

바람 바람 바람
빈 바람으로
내 가슴을 쥐어뜯다가
먼– 시베리아 소리로 휘– 휘익 씨부렁거리다가

밀려오는 네 환영이
자꾸만 파고들어와
슬픈 멀미를 앓는다

진도 기행

시디신 봄날 진도엘 갔더니
개새끼는 한 마리도 안 보이고
논두렁 밭둔덕에
뜸이 든 벚꽃만 고봉으로 웃어쌓더라

진도 농사꾼들은
곡괭이 날 끝에다가 목청을 달아
허공에 내휘둘러서
꽃도 피우고
아라리도 뽑아내어 절절이 부르더라

울돌목은 억만년을
얼마나 울었으면 모가지가 갈라져
저리 쇠어터진 아리랑을 지금도 부를거나

부화된 성게 알은
바다로 줄행랑쳐 달아나 버렸는지
알도 없는 성게 알 비빔밥보담
얼큰한 톳 장국 맛이 더 좋아
한모금 털어 넣은 홍주 때깔에
꽃물 오른 목구멍이 얼얼하더라

운수 좋은 날

– 진도 가는 길

허름한 글쟁이들이
환쟁이와 소리쟁이가 넉넉하게 사는
진도로 가는 길

버스 안에선
시詩가 비처럼 줄줄 내리다가
천정에 둥둥 떠서 걸어 다니는데
운수 좋은 나는
인생살이 막 질나서 고운 여인네와
짝이 되어 앉았네

하루를 졸졸 서로가 따라다니더라고
마이크 잡은 사회자가
그렇게 짝지어 붙여주었네

길가의 개나리는 노오란 질투로 킬킬대고
어느 유행가던가
이 나이에 새삼 사랑이야 알겠냐만은
그 여인 얼굴을 살짝 붉히더니
내가 부르려 했던 노랠

먼저 불러버려 '봄날은 간다'

남녘 바다는 저 혼자 놀고 있고
이제 갓 피어난 벚꽃은
배냇웃음을 희죽희죽 웃는데
여기 가나 저리 가나
오른팔 치켜든 이순신 장군만 마중나와
짜디짠 미역귀를 한 귀퉁이 뜯어서
입에다 물려 주시고

진도는 화사한 봄꿈을 꾸고 있었네

산사 가는 길

가을 손 서로 스치며 우는 게
어디 억새뿐이랴

임 그리운 새 저녁에 울고
멀쩡한 구름 가는 길 잡아
구기고 흔들다가 얼굴 부비는
저 강물도 기어코 울고 가는 걸

〈산사 가는 길〉 찻집엔
노랑 은행나무만큼 익은 여인이
관음보살 냄새로 가을을 우는데

내 그리움의 날을 세워 썸벅썸벅
가슴 베인 자리 흥건한 피
노을 색깔로 풀어놓았더니만

아—, 정말 좋은 울음은
그냥 우는 게 아니고
울어지는 것

가을엔 노란 부처가 와서 산다

금빛 찬란한 가을을 고백하는
저 환한 은행 나뭇잎을 보아라

관음보살이다
아니, 미륵이지
미륵의 화신이 아니고서야
저리 샛노랗게 눈부신 광배를 거느리고
온 세상을 빛내겠는가

예수 형상은 저렇지 않고
하느님 그림은 한 번도 뵌 적이 없어
그 분은 아닐테고

불가에서 처처處處 불상이라 하였으니
천생 부처님이 현신하셨나 보다

십일월엔
공원이거나 깨달음의 거리거리마다
아파트 정원을 거니는 내 안에도
노오란 부처가 와서 산다

내장산 단풍

여인아,
타려거든 저리 붉게 활활 타거라

산은 제 염통을 터트려서
피를 훌훌 풀어
온 산 가슴에다 붉게 칠갑을 하고

서리 하늘 맑고 푸르러
네 눈망울만 더욱 깊어가는데

눈웃음치다 돌아선
변덕일랑 버리고

제 한 몸 다 태워
훨훨 불싸지르는
저 단풍잎 속마음으로 들어가 보아라

나 다시 태어난다면
꽃도 새도 사람도 아닌
내장산 단풍으로 당신 앞에 피어나서

흰 삭신 활활 태우는
우리 사랑 소지燒紙 오르듯

너를 안고 하늘로 솟아오르리라
여인아

마이산 가는 길

낡아서 슬픈 아내와
마이산 길을 걷는다

먹을거리 파는 것도 많다
이걸 줄까 저게 좋으냐 물어도
모두 손사래 친다

맥이 풀리지만 어쩌랴
덜 아픈 내가 참아야지

아이스케이크마냥 꼬챙이에 꿰어서
숯불에 구워 파는 가래떡을
겨우겨우 만났다
모시조개 열리듯
입술을 조금 벌린 아내가
고소하다며 떼어준다, 맛있다

막걸리 한 사발에 파전이 간절한
산채비빔밥집을 지나
인절미떡 가게 앞에 섰다

절구에다 공이로 즉석에서 찧어
콩고물에 버무린다
도시 것하고는 생판 다르다지만
한입 물어본 아내
문자메시지같이 새치름해지더니
노을 낀 눈을 아래로 내려깐다

오로라 핀 북극의 하늘처럼
차가웁다
난감한 나는 허리가 아파온다

산중 하루는 짧고
여윈 몸에 피 칠갑을 하던 초겨울 해는
어느새 앞산에 가리었다
두 마리 순록 같은 어둠이 마이산을 끌고 간다
이젠 돌아가야지

오늘 하루치 지구의 자양분을
모두 빨아먹은 태양이
빨간 능금 알 꼭지처럼 똑 떨어진다
검정 오랑캐가 답삭 물어간다

하루 잘 보냈다고
쉬운 숙제 풀어가듯 잘 쉬었다고
아내도 그 모양새
재스민 향기로 웃어주었으면 참 좋겠다

내장산 연등

저 아래 두주막거리
정읍사 여인하고
탁배기 마시던 새털구름
먼저 와 케이블카로 하늘 오른다

붉나무 굴참나무 단풍잎들
벌써 열반에 드시고
굴거리 이파리만 청청하다

키 큰 서래봉 녀석
대웅전 단청 겨드랑이를
빠꿈이 내려다보는데

어느 보살님이
홍시보다 더 빨간 젖꽃판을
저리 환한 연등으로
하늘 붉은 사유思惟를 매달았을까나

젊은날, 정월이었던가
눈 첩첩 쌓이고

감나무 오른 동승이 내려준
아이스크림 홍시의 맛
아직도 입 안을 감도는데

그 동자승도 눈썹 희끗희끗 늙어
동안거쯤 선방에 들었겠지

고희도 한참 넘은 나그네
깨달을 기력조차 없어
하루를 서러워지고
폭폭한 눈물 몇 닢
하늘 연등에다 걸어놓고
비칠비칠 입동을 걸어 내리는데

오늘은
붉은머리오목눈이란 놈
멧새도 안 운다

바람

바람나고 싶다

이승 떠나기 전에
가슴 맑아지는
댓바람소리 한 번 나봤으면 쓰것다

내 바람 속
전쟁 바람으로 날아간 아버지 바람 하며 쑥꾹새같이 살다 죽은 우리 어머니 바람도 섞여 있을 테고
아라사 바람도 조금 끼고 양키 바람도 간간하게 섞여 해감내 나는 그런 바람 아니고

꽃과 잎이 엇갈린 상사화만한
상사병이어도 좋고

환장하게 가슴팍 쥐어뜯는
당달봉사 맞바람도 시원할 거다

맑게 바람 부는 날
흰 빨래를 넣어서

당신 얼굴을 살구꽃 능금꽃 꽃소주로 날려 보내자

고향 언덕 위 느티나무 서 있고
연줄 끊어져 가오리연 날아가면
워리, 워리 강아지 쫓아가던 바람

당신과 나 사이
어제와 오늘의 한 줄기 행간에 불어오는 바람이겠지만
사랑처럼
시간도 공간도 바람이 날까?

곡기를 끊고 끝내 눈감은
스물일곱의
허난설헌 바람 같은 솔바람 소리

겨울 창호지 눈썹에 낀
문풍지 우는 소리 속에도 또는

속적삼 젖혀놓고 하현달로
부푼 젖꽃판 씻어 내려
뜨거운 숨가쁜 소리 얼얼하다가 홧홧한, 홧홧한
솔바람 소리 흐느적일 때

102세

건너 마을 백 살 넘은
순임이네 할머니

아침 세수할 때 깜박 잊고
수돗간에 빼어놓은 틀니를
똥강아지 복실이가 물어다가

뒷발로 버티고 앞발로 공기며
물어뜯고 핥아보며 별 지랄을 다하고는
측간 바닥이거나
마루 밑이든지
제 밥그릇 옆 아무 곳에나 버려두면

할머니는 비비꼬인 모가지를
내둘내둘 내둘러서 찾은
틀니를 두어 번 툭툭 털어서
그냥 입에 끼우시고는

맨손으로 쇠똥 주워 두엄자리에 훌쩍 던진 뒤
손톱 밑에 쇠똥 때가 까맣게 낀 그 손으로

상추쌈을 눈알이 툭 불거지도록 몰아넣는다

할머니, 손좀 씻고 잡수세요
순임이 역정에
– 야, 호랭이나 당창 물어갈 놈의 새깽이야, 요로코롬 맨날 쇠똥 먹고 살었어도 암시랑 안 허고, 인자 침침허던 눈깔치도 훤혀지고 웃머리가 껌어진께로 배꼽 아랫 쉬염도 새까매졌어, 이 썩을녀러 가시내야, 너나 잘 혀, 말만한 년이 서답뭉탱이 아무디나 함부로 내동댕이치지 말고. 오히려 호통이시다

위생 같은 거 모르고 사셨어도
정정을 훨씬 지나 청청한
102세를 무탈하게 넘기신다

서래봉 전망

내장산이
지금 한창 달거리 터져
저리도 붉게
숨죽여 소피보는 것을

아내는
모른다

어머니 내 할머니
뒤안 모퉁이
홍시나무 아래 쪼그리고 앉아
숨죽여 오줌싸던 걸

저건 피 터져 우는 바다다
활활 불 싸지른 바다다

여섯째 마당

개찬이의 추억

개찬이 가던 날

그 녀석 입버릇대로
'드으런 놈'이 갔다
개병호 연락 받고 허겁지겁
부랴부랴 대학병원 영안실로
달려갔더니만

제까짓 녀석이
영정사진으로 높이 앉아
감히 나를 내려다보며
내 절을 두 번 반씩이나 받아먹었다
고개를 끄덕거리며
건방진 녀석 같으니라고

미국에 자빠져 있는
권태익이 싸가지한테는
전화걸 줄을 몰라 못하고
예수쟁이 매형 따라
미추홀인가 김포 땅 어느 갯가에서
처가살이로 병져 누웠다는
설렁탕에게만 전화했다

– 야, 그 드런 놈 개찬이가 먼저 갔다
모기소리만한 대답이 건너왔다
– 갔다냐! 나도 곧 가것다

가슴이 시려와서
눈물도 아니 나오고
술맛도 없어 넘기지 못했다

저 세상에 가서

개찬이는 좋겠다
저승 가서

시골 훈장이나 제대로 하지
문예가족 무얼 얻어듣겠다고
신새벽밥 지어 먹고 주일마다
백리길 전주행 버스 타던
진안 주천 교장 한 남윤이 성

복상밭 일궈먹다 서울로 도망간
길성이 성
헌책 장사 소설쟁이 당뇨병 깊어
당달봉사로 저승 간 〈샛강〉의 정환이 성
오사게도 가난하디 가난하게 살다 간 양복쟁이 기술자
오이 호박 가난까지 농사짓다가
천주학 그림 그리다 먼저 간 김종태 성

눈만 뜨면 흑판에다 막걸리를 칠하며
쿨럭거리던 흑판장사 김학룡이서껀
두루 모여서

목울대 큰 석정 선생님 만나
또 술을 얻어 마시며
희희덕거리다가 퍼마시다가
또다시 낄낄거리다가 얼마나 좋으랴

궂은비 내리고 땅거미 지면
보고파서 어이 살거나
남부시장 모퉁이거나
한벽당 오모가리 술 내음 퍼지면
허름한 네 녀석 헛소리 듣고파서
그 개소리 듣고 싶다, 개찬아

첫 낯바닥 만난 날

가을이었다

재너머 평촌에 가면
글 잘 쓰는 괴짜 하나 있다는
설랑놈의 입 사탕에
공수내다리, 흑석골을 지나
땀 뻘뻘 흘리고
고달산 중턱에 걸친 고개
사십 리 보광재를 넘어갔더니만

아무렇게나 제멋대로 생겨먹은 낯짝에다가
눈, 코, 입만 박혀 있는
모과 덩어리 하나가
고개를 꾸벅 하고 두꺼비 같은 손을 내밀며
앞으로 지도편달을 부탁한단다

뒷방, 그 녀석 골방에 누워
객지 잠에 뒤척이는데
굴뚝 모퉁이를 설핏 돌아가던
누이동생 뒷모습이

자꾸만 아른거리고
뒷산 밤나무에선 밤알이 툭툭 떨어져 내려와
스스로 방문 앞에 이르는데

바람이 한 숨 지나가고 나면
후드득 또 떨어져 굴러 내리고

설랑이 놈 코 한 번 골면
알밤 한 알 또 굴러 내리고

별똥별도 몇 알 떨어지던 밤
그 때가 가을이었지

죽을 만큼 정겨운 이름들

죽을 만큼 정겨운 이름들

드런 놈
너는 확실히 개 삼시랑이었다

꾀복쟁이 친구
부속초등학교 동창 설랑이란 녀석이
오죽했으면
개찬이라 별명 지었을까나

넌 그 오기로
설랑雪浪을 설렁탕으로 부르고
조기호를 때개오란 거룩한 별명으로 작명하시어
후세 내후세 만만세에 이르도록
길이길이 부르도록 만들더니

기어코 무녀리 가족 모두를
개로 만들었다
목윤이는 개몽눈이로
병호는 개병호

일찍 저 세상에 간 이야기보따리쟁이
이정환이까지 개정환이로 칠갑을 하여버렸다

그래도 서로를 이뻐 죽을 만큼
아껴 불렀다

메주콩

말날[午日]에야 간장을 담그는 게
신앙이신 우리 어머니에게
얼큰히 술 취한 개찬이 녀석
– 어머님 메주콩일랑 걱정 마세요
흰소리를 쳐 놨겠다

평촌 시골에서 농사지으신
즈이 어머님이 챙겨주신 콩 자루를
소달구지에 싣고 오다가

술이라면 미치고 환장하는
지랄맞은 설렁탕 녀석의
술 바꿔 먹자는 꼬임에 빠져
손저울 들고 달려든 거간군에게
공수내다리에서 넘겨버렸다

– 개찬아 야 이놈아
  네놈 덕에 간장 잘 담갔다

어머님 놀림에

모과 입을 쩍 벌리고
설렁탕만을 가리키던 개찬이 녀석

저승에서 우리 어머니 만나
거기서도
메주콩일랑 걱정 마시라며
흰소리 치고 있으려나 몰라

하얀 목련이 피면

커피 값도 없고
술값도 없어
우체국 네거리 빨간 우체통 옆에 서서
지나는 선배거나
행여 석정 선생님 같은 분을
기다릴 때

어디서 꺾어왔는지
설렁탕이 들고 온
하얀 목련꽃을

수로부인에게 철쭉꽃 꺾어 바치듯
아미 고운 다방 마담에게
꽂아주면

이른 봄 향기가
그녀의 하얀 버선코에 내려앉고
〈페티 페이지〉의 '테네시 왈츠'가
다방 안을 남실남실 떠다녀서

때개오와 개찬이는
개평으로 커피 한 잔 얻어 마시고
헤벌레 개침만 질질
두어 사발 흘렸는데

그 버선코 여인은
하얀 목련꽃 같은
흰 가운 차려입은 간호사 되어
꽃잎처럼 날아가 버렸다

헝그리 영 맨

만나면 마셨다 그냥 퍼마셨다
와그르르 굵은 왕소금에
단무지 한 쪽 안주로

카바이드로 익히거나
양잿물로 숙성시켜 만든
제법 밥알도 두어 알 동동 띄운
노랑 약주 파는 집

은행나무 하나 서 있고
일품향 만두집 곁에 붙은
한 사발에 10환짜리
깡술집 하치장을

하해같이 넉넉하신 은총으로
나를 인도하여 주신 분이
개찬이 놈이시다

그리하여
〈헝그리 영 맨〉은 탄생하였다

별난 노름꾼

도적놈들
공무원교육원 숙질실에 모여
노름하다가 정전이 되면
사환 아이를 불러
자전거에 올라타게 하고선
페달을 밟아
자전거 발전기로 불을 밝혀
그 불빛으로 화투짝을 돌리던 노름꾼놈들

돈 노나면 백 원씩 떼어주는 맛으로
어린 사환은 혀가 빠지도록
밤새껏 페달을 밟았다

오대양 육대주를 다 돌아도
자전거 바퀴를 돌려
노름하는 나라가
이 세상 어느 천지에 또 있다던가

호랑이 담배 피우던
개찬이놈 말고는

헛소리

일곱째 마당

개꿈

산수유 당신

산수유 눈으로
그윽이 쓰다듬어 주시던

얼마 만인가요
훈풍 따순 당신 손길

사랑했다가
사랑에 묻혀 사랑조차 잊었다가
문득 사랑함을 깨달아
더더욱 사랑하겠다는

밤마다 눈물 글썽이는
별이었던가요

저리도 봄날을 글썽거리며
천지에 훌쩍이는 당신은

사랑도 죽었다 다시 환생하는
또 다른 커다란 윤회였던가요

석류

오로지 당신만을 위하여
봄부터 잎 틔우고
꽃 벙글어
열매 키운 사랑입니다

제 껍질 스스로 찢어
속 창사구 다 내보이고
붉은 눈물 덩어리
그렁그렁 두 손으로 받혀서
한 움큼 쥐어드렸거늘

당신 찬란하게 눈감아 돌아섬에
저 치열하게 반짝이는
내 사랑은
달다가달다가 달다 못해
이승이 시디시어 져 버렸습니다

꽃에게

당신은
나의 간화선看話禪이었습니다

눈 감을 때까지
아득한 화두였습니다

세세천년
풀지 못한다 해도
늘 그대로만 피어 계시고

한 잎 연꽃 위에 선
고려 수월관음도
내리깐 눈높이로
거기 그대로만 피어나시옵소서

신산한 일 하며
마음도 벗어놓고
하늘 가는 길에 들어도
사람은 사랑에 취하여 살다 가는 것

화사하지 않게 담담하신
말씀 잊으시고 미소 머금으신

당신을 바라보다
눈멀고
마음도 멀었습니다

시클라멘 꽃 피면

멀리 살면서
책 만드는 여인에게
잘 먹고 잘 사느냐고 안부 묻다가

남쪽 창가에
시크라멘 꽃 피었노라고 했더니

이 녀석
술 익으면 친구 부르고
꽃 피면 그리운 사람 만나는 법이라며

지금 곧장 달려오고 싶다고
응석을 부리기에

시클라멘 꽃 피면
겨울이 온다는 기별일 뿐
책이나 잘 만들어
돈 많이 벌라고 했더니만

깜냥에 약속했던지

앵돌아진 목소리로

돈 많이많이 벌어서
맛있는 거 많이많이 사드릴 거라며
딸깍 끊는다

임마, 너 못 보는 내 눈자위도
시클라멘 꽃 때깔만큼이나
한참을 서운하단다

꽃머리에 앉아

언제쯤 피어주려나
당신 마음은

봄날이 온다고
저리 피어쌓는데
꽃들은

사랑은 가는 게 아니고
목숨 놓을 때까지
뿌우옇게
자꾸만 다시금 찾아오는 것

꽃님들 웃듯이
돌아와
꿈에라도 한번
환하게 피어줬으면

개꿈

꿈은 가고 거시기만 남았다

콩대 뽑힌 빈 밭에서
노랑 날콩을 집게손으로 주웠다

손가락 끝엔 수리성으로
허름한 인생이 집혀졌다

또 싸락눈 발림이다가
뜨거운 여름이었다가

만년설 정상엔 햇살 쏟아지고 그 바로 밑 산중턱엔 눈발이 펄펄 나부끼는데 산 아래 침엽수 푸른 숲에는 비가 내리는 요상한 나라 머나먼 북아메리카의 캐나다 로키산맥 해발 삼천 몇 백 미터 위, 작은 모텔 커튼이 내 옛날 소녀 식으로 아름다운 창가에 앉아 낙숫물을 아득히 읽어보다가

주르르 누님을 흘리다가
복사꽃 능금꽃이 한참을 흐느끼는 너름새

아하, 천고마비랬다
날콩과 거시기
가을인가봐
히 힝 힝 힝 힝
고삐나 한번 실컷 풀려봤으면 쓰것다

십 년도 훨씬 전에 끝내버린 아내의 경도 내음이었던가 미식미식하다가 느닷없이 모딜리아니의 〈옆으로 누운 나부〉가 내지른 소피 속에 풍덩 빠졌는데 금세 당신의 복사꽃으로 휘감겨든 진한 분내와 머릿결에 자르르 흐르는 동백기름 냄새 가느다랗게 하얀 당신의 목덜미를 타고내린 동정 깃 살 냄새에 선정적으로 허우적거리다가 어느덧 복사꽃 꽃잎이 되어 꽃술에 입술을 부비며 들여다보니 꽃 속에 내 얼굴이 보인다, 내가 꽃술이었다? 내 전생이 꽃술이었던가. 아, 나는 소스라치는 쾌감으로 그녀의 떨잠마냥 진저리치다가 몽정 내음으로 훌쩍거렸는데

천지연 짙푸른 물에 방생하고 온 조국 한 마리를 건지렸더니 바위구절초꽃 자주꽃방망이 물사리꽃 노랑만병초 흐드러진 장군봉에서 건너다본 간도 벌판 지평선 저 멀리 일송정 푸른 솔 아래 세한도를 든 윤동주가 울먹이며 옛 조선을 걸어온다

우리 어머니 옷 적삼을 지어 입은 백두산 두메양귀비

꽃이 조선 콩나물로 되더니 한들한들 꿈에서도 삼삼하게 삐종pigeon을 입에 문 이화중선으로 변하여 내 품에 덥석 안기려는 찰나 이 하늘 말고 또 다른 저, 저 하늘에도 어머니만 보이지 않았다

서운한 개꿈이었다
비릿한 날콩을 주워먹던
개꿈은 당신이 데려가고
하릴없는 거시기만 손에 잡혀 죽어 있었다

들국화

아무렇게나 걸어온 내 여정마냥
쑥 이파리 많이 닮았으면 구절초고
길쭉하게 뻗었으면 쑥부쟁이며

잎 가장자리 톱니모양이
뚜렷치 않고 푸슬푸슬한 게
벌개미취라는데

이 어려운 나눔을
내 어찌 가려내서 외운다냐

작고 노랑 꽃 매단 산국山菊이고 지랄이고
내 나이가 몇이더라
까막까막 잊어먹는 요즘 노망에
쑥부쟁이 구절초면 뭘 할 거고
감국甘菊이면 또 어떻다더냐

그냥 싸잡아 들국화란 이름조차도
잊혀진 내 살아온 여정에
무서리 답삭 내려서 가을이 가는데

망주석

소나기 내리고
이마에 손 책받침을 가리운 채
줄달음쳐 뛰어온 너
가만히 꼭 안아보았지
비 맞은 머리칼에선
비릿한 초경 냄새가 나고
모서리가 모두 닳아빠진 수화로
내 가슴을 파고들었어
눈을 닫아걸고
귀를 닫아걸고
입을 닫아걸고
눈물을 닫아걸고
척척한 미래와 음습한 내 처방과 먼지 쌓인 주머니의 무게를
어깨에 앉히고서
우리는 초여름 돌이 되어 주저앉았지
하여 억만년 마주보며
가슴 앓는 망주석이 되었어

4월 장구목

아내의 가랑이 사이로
섬진강은 4월을 흐르고

감나무는 아직
깊은 잠에 들었는지
구름 담은 까치집만 꿈을 품는다

강변에 엎드린 가시네
쑥 캐는 칼로
물소리를 뜯어 이른 봄에 담는다

검정 티에 청바지 입은 것이
늙은 〈스티브 잡스〉 구부정한 걸 닮았다고
딱새 손녀 녀석이
노고지리로 우짖는다

어제는 겨울을 한 발쯤 늘여서
매서웁더니
오늘은 삼복을 잘라다가
청명, 한식에다 붙였는지

꽃망울 틔우는 사랑으로 화사하여

네 가슴 앞까지 갔다가
차마 돌아선 발걸음을
진달래 포근포근 숨어서 안다

탈모脫帽

모자 쓰면 할아버지
벗으면 아버님

우체국이거나 동사무소
은행에라도 가면
꽃같이 젊은 아가씨들이
나에게 붙이는 호칭이다

모자 하나로
아버지에서 할아버지까지
한 세대가 휘딱 바뀌진다

'나 늙었소'
스스로 외치는 표상이라며
모자 쓰는 걸 한사코 말리는 아내와
무엇인가 허전하여
덮어쓰고 다니는 나

오늘 아침 깜박 잊고
맨머리로 외출하는데

– 아버지 모자 벗으니 훨신 젊어보이시네
막내딸 녀석이 훈수를 둔다

그래, 벗자 벗어 벗어버리자
이제 육신도 벗어버릴 끝물인데
이까짓 모잔들 못 벗겠느냐
마음도 훌훌 벗어던져야 할 늙음인 것을

쑥꾹새 편지

산벚꽃으로 다가온
여인이 웃으면서
꽃 한 송이만 사 달라 했습니다

암부엉이 울음으로 한참을 흐느끼다
이슬 맺힌 눈으로
글썽글썽 올려다보더니
꽃 한 송이만 사 달라 했습니다

어느 얼굴이 쑥꾹새 편지 같은 울음이
뚝 뚝 뚝 떨어져 쌓이는 오후의 입술이
내가 알아들어야 할 숙제인가

나는 왜 자꾸만 뜨거워지는지
웃음에서 울음으로
마음과 마음 사이 흐르는 아지랑이며
내 피는 왜 또 뜨거워지는지
하여, 진달래 붉게 피는 4월이던가

그런데도

살아온 나이의 셈법은
아리송하게 떠나가는 강물이었으므로

여인은 웃기도 하고
울기도 하는
가늠키 어려운 안개꽃이었습니다

봄 감기

출발 벨이 미처 울리기도 전에
용수철마냥 뛰어나간
〈우사인 볼트〉의 정강이처럼

개구리는 아직 나올 기미도 없는데
저 혼자 봄을 만지작거리다가
썩을 년이 홱 돌아서는 콧김에
지독한 감기에 걸렸다
오사서 빼죽일 년 같으니라고

이제 그만 지범거리고
봄단장 멋들어지게
이발이나 하러 가야 쓰것다

어차피
〈우사인 볼트〉 정강이는 또 뛰어나갈 것이고

봄날은 남도 발 완행열차에
섬진강 재첩년 단속곳 냄새를 싣고
기어코 다시 올라올 것이기 때문이다

스마트폰

석존은 어머니 마야부인을 위하여
천불화현千佛化現의 기적으로
도리천에 올라가 석 달 동안
아비달마 법문을 설하고
상까사sankassa로 내려오셨다는데

하늘 올라갈 재주 없거니와
타고 내려올 삼중사다리[三道寶階]도 없어서
나는 어젯밤 꿈결에서야
겨우 어머님을 얼핏 뵈었다

득도 못한 자식놈
가진 재주라고는
봄가을 여름 겨울에도
수시로 매미가 우는 귀때기와
우우우 머리통 어지러운
편두머리밖엔 가진 게 없는지라
어떻게 어머님 앞에 강설을 하겠는가?

붓다 같은 기적은 고사하고

손전화기도 제대로 못 쓰는 주제라서
하, 언제쯤일까
삼성전자에서 저승까지 통하는
스마트폰 만든 날에나
어머님 문안인사라도 여쭙게 될지 모르겠다

가을에 앉아서

저리 청청한 하늘엔
솜털구름마냥 흐르고
고추잠자리 발치에 내려와
무심을 스며드는데

당신 시는 어려워서 못 읽겠다는
아내의 조곤조곤한
마음 하나도 못 들여다본
좁아터진 내 소견머리가
독자에게는 어떠하였을까
참으로 부끄럽습니다

이렇게 초연한 가을 하늘조차도
제대로 못 그리는 녀석이
글을 쓴답시고 헛기침하고 다닌 게
오늘따라 마냥 부끄럽습니다

갈에 피는 가을꽃
쑥부쟁이 꽃들이며 코스모스의 몸짓이
어떻게 가을을 영글어가는지

무얼 향하여 꽃을 피우며
어느 때 웃어주는지

그것들 향내와 모양새의 의미를
무엇으로 사랑하는가
전혀 가늠할 수 없어
참으로 부끄럽습니다

■ 해설

깊은 사유 끝에 붙잡은 깨달음–'헛소리'

호병탁(시인·문학평론가)

깊은 사유 끝에 붙잡은 깨달음-'헛소리'

호병탁(시인·문학평론가)

1.

시인은 변함이 없다. 열여섯 번째 시집을 내며 시력 60년에 천 몇 백 편의 시를 쓴 사람의 글 솜씨가 이것밖에 안 되는지 싶어 "겸연쩍고 부끄럽고 남세스럽다"고 겸양을 보이지만 그의 글쓰기 자세는 여전히 당당하다. 그 이유는 '책머리에'도 언급되는 것처럼 자신이 아무리 재주가 없기로서니 '시어와 시어'가 박치기를 하고, '위 행과 아래 행'이 서로 얼굴을 붉히고, '앞 연과 뒤 연'이 멱살잡이하는 것을 나 몰라라 하고 한 편의 시로 내미는 사람이 결코 아니기 때문이다. 시인은 '알기 쉽고, 읽기 쉽게'라는 자신의 시학을 바꾸지도 바꿀 생각도 전혀 없다. 엉뚱하게도 그 이유는 자신이 쓴 시를 자신이 몰라보면 큰일 나기 때문이다.

이번 시집의 해설을 부탁받고 "지난번에 썼는데 워치게 같은 사람이 또 쓴대유." 했다가 "풍신내고 자빠졌네. 막걸리 사 줄텡게 쓰라면 써." 한 마디로 묵살 당했다. 뭐라고 더 궁실거렸다가는 막걸리는커녕 신발로 귀싸대기 맞을 형편이라, 나는 깨갱하고 만다. 내 이 양반 성정을 잘 안다. 뵐 때마다 워낙 신수가 좋으셔서 "얼굴이 훤하신 게 더 젊어지셨네유.” 하면, “그려? 그러니께 싸게싸게 중신 혀. 이 싹바가지 없는 놈아.” 즉답이 날아온다. 허기야 염생이가 물개똥 싸겠는가.

평론이야 괴발개발 어찌하든 그래도 성실하게 쓴다는 것 하나만은 자타에게 공인(?)받는 사람인데 존경하는 시인의 글을 어찌 한 점, 일획이라도 함부로 다룰 수 있겠는가. 그런데도 이처럼 글이 초두부터 점잖은 평론과는 떨어져도 십리 밖에 뚝 떨어진 문체로 내닫고 있다. 이는 결코 내 책임이 아니라는 것을 주먹을 치며 만천하에 주장하는 바이다. 술 덜 깬 놈 같은 이런 문체가 나오는 것은 우선 시인의 글 자체가 양반다리 꼬는 것을 허락하지 않기 때문이다. 따라서 이는 초포 선생의 멋들어진 글 솜씨에 전적으로 책임이 있다. 논증하겠다.

2.

겨우 아지랑이 배냇눈 뜬
이른 봄날
외상값 많이 달린 술청에 앉아
손님상에 내보낼 풋마늘을
우리 텃밭에서 한 소쿠리 뽑아다 주겠다며
술집 아가씨를 얼러서
몽땅 훔쳐다 놓고
여릿여릿 톡 쏘는 풋마늘 대궁을
찹쌀고추장에 쿡 찍어
술 한 잔 맛나게 깨무는 판에
수금 나갔다 돌아온 주인 여자

야! 이 썩을 년아
그 화상 낯바닥을 봐라
저 웬수가 텃밭에다 마늘 농사 지어먹고 살
위인 짝으로 보이냐?
에라이 오사서 빼 죽일녀러 가시내야. 쯧쯧
악담을 퍼붓더니만
술상 모서리에 털푸덕 주저앉으며
아, 목말라, 어여 술 따라 이 도둑놈의 화상아
빈 술잔을 불쑥 내미는
저 웃음 베어 문 낯꽃이라니

—「풋마늘」 전문

때는 바야흐로 아지랑이 아른대는 봄날이다. 밤도 아니고 낮임에 틀림없다. 외상까지 잔뜩 깔린 손님이 술청에 앉아 풋마늘을 뽑아오라고, 그것도 자기가 직접 가지 않고 술집 아가씨를 얼러서 근방에 있는 밭에서 뽑아오라고 오기곱게 심부름을 시킨다. 순진한 아가씨는 그게 손님 텃밭인줄 알고 시키는 대로 시원하게 심부름도 잘 한다. 한 소쿠리나 뽑아온다. 아가씨는 술을 푸고 찹쌀고추장에 풋마늘 대궁을 안주로 해서 술상을 봤겠다. "여릿여릿 톡 쏘는" 마늘을 고추장에 찍어 "술 한 잔 맛나게 깨물고" 있던 차에 이집 안주인이 들어온다. "수금 나갔다 돌아온"에 주목할 필요가 있다. 이 말은 외상값 받으러 다니다 돌아왔다는 말이다. 자, 안주인이 보기에 기막힌 일이 벌어지고 있다. 옘병! 외상값은커녕 이놈의 염치도 없는 화상이 손톱만한 자기 집 마늘밭까지 박살을 내고 있는 게 아닌가. 그것도 몇 뿌리가 아니다. 한 소쿠리다.

여기까지 읽고, 벌어진 상황에 진짜 양반이라도 웃음이 터져 꼬았던 양반다리가 저절로 풀릴 지경이 된다(따라서 작취미성 같은 내 문체는 시인의 탓이 된다). 그런데 이 시의 핵심은 이런 어처구니없는 상황에 대한 주모의 반응이다. 일단 아무 죄도 없는 아가씨에게 "이 썩을 년아", "에라이 오사서 빼 죽일녀러 가시내야" 쯧쯧 혀까지 차며 욕을 퍼붓고 악담을 해댄다. 동시에 아가씨에게 하는 말이지만 "그 화상 낯바닥"을 좀 보라는 둥, "저 웬수가 마늘 농사 지어먹고 살 위인 짝"으로 보이냐는 둥 손님에게 날리는 간접적인 화살도 잊지 않는다.

그런데 입은 거칠게 욕을 하고 있지만 주모의 행동은 딴판이다. 술상 모서리에 주저앉아 빈 잔을 내밀며 목마르니 어서 술이나 따르라고 한다. 그것도 입가에 웃음을 베어 물며.

세상에, 이처럼 가슴이 메어지게 아름다운 얼굴이 또 있으랴. 주모가 베 물은 웃음은 술꾼이 아니더라도 누구에게든지 곱기만 한 '낯꽃'으로 보일 것이다.

염치 좋은 손님도, 욕하는 주모도, 욕먹는 아가씨도 다 신산한 삶에 부대끼는 사람들이다. 그러나 그들은 어떤 권세가나 부자보다도 여유와 웃음이 있다. 순박하고 인정 많은 착한 민초들이다. 특히 마늘을 도둑맞고도 웃으며 술 한 잔 따르라고 하는 주모의 모습은 여간내기가 아니다. 귀한 꽃이다. 그리운 꽃이다.

대부분 그의 시가 그렇듯 시인은 사물의 형상이나 사람들의 움직임을 가능한 선명하게 서경한다. 사람들의 투박한 대화도 거르지 않고 그대로 견인한다. 그리고 그

속에 그의 느낌과 인식을 작용시킨다. 그러나 아무리 살펴보아도 시인이 자신의 정신세계를 들어내어 설명하는 곳은 없다. 여백 자체가 풍경의 일부가 되듯 시인의 인식은 말 없는 말로 글 속에 녹아 들어가 버린다. 물 위에 찍힌 달水中之月의 실체는 하늘에 있고 물은 그 실체를 투영할 뿐이다. 시인은 언어를 통해 자신의 정신세계의 그림자를 수면 위에 드리울 뿐 독자에게 그 실체를 보여주려 직접 설명하고 가르치는 일은 삼간다.

위의 시는 엄밀히 따지면 한 문장에 불과하다. 시 전반부의 때와 장소와 정황의 묘사는 '수금 나갔다 돌아온 주인 여자'라는 주어를 수식하는 여러 수식어들에 불과하다. 후반부의 술부도 주어 '돌아온 주인 여자'가 한 말의 인용과, 그녀의 직접적인 행동, '털푸덕 주저앉아' '빈 술잔을 불쑥 내미는 것'이 전부다. 더 엄밀히 따진다면 위의 시는 술부가 종지형으로 끝나고 있지 않기 때문에, 즉 '무엇이 무엇을 하다'라는 기본을 충족시키지 않기 때문에 완전한 한 문장이 된다고 볼 수도 없다. 그러나 한 문장에도 못 미치는 문장 속에 가난하지만 순박하고 따뜻한 민초들의 삶, 그가 바로 그리움으로 반추하는 삶의 한 자락이 술청이라는 낯익은 장소를 배경으로 완벽하게 투영되고 있다. 작가의 대단한 내공이라 하지 않을 수 없다. 이런 시 하나 더 보자.

허리를 꺾어야 들어앉는 방구석보담
한쪽 다리를 돌멩이로 고인
대나무 평상에 척 앉으면
눈에 뵈는 풍광이며 뒷덜미가 꽤 시원해 좋았습니다.

낫살이나 잡쉈는지 이빨이 몽땅 빠진 개다리소반을
불뚝 나온 배 위에 얹은 주모가 뒤뚱뒤뚱 걸어옵니다
등 뒤로나 어림대보면 모를까
앞으로는 가망도 없겠다며 친구가 푸념조로 투덜댑니다
사금파리처럼 반짝이는 금강물이 고운 눈을 흘기며 지나갑니다.
째보선창 지나서 '최무선'의 진포 거쳐 곰나루 얼씬거리다가
물어물어 거슬러 올라온
송화란 년 '서편제' 남도가락이
갈잎 바람소리같이
울먹이는 금강 물소리마냥 흐느적거렸습니다
뚝배기보다는 장맛이었다던가
술에 미치고 살냄새 나는 소리에 미쳐서
주모의 속치마가 흘러내리도록 춤춘 것밖엔
난 모릅니다
금강물이 아주 흐르지 않는대도 난 모릅니다
아무도 캐내지 않은 노을이었던 것을
그때 떼먹은 외상 술값을 30년도 지난
서너 달포 전에야 비시기 갚았습니다

–「금강나루 황복쟁이 집」 전문

위의 시는 세 단위의 서사로 형성되어 있다. 우선 시인은 "사금파리처럼 반짝이는 금강" 옆의 복국 집 정경을 그리고, 이어 강물 따라 흘러왔던 여인과의 소싯적 사랑을 반추하고, 현실로 다시 돌아와 30년도 지난 외상값을 최근에 갚은 이야기로 시를 마무리하고 있다.

시인은 강변나루 복국 집의 정경을 서정적으로 색칠하

기 시작한다. 과장은 없지만 선명하고 세세하다. 주막의 방은 "허리를 꺾어야 들어"갈 수 있을 정도로 천정이 낮은, 그야말로 '방구석'이다. 하여 화자는 마당의 '대나무 평상'에 앉게 되는 데 이 평상도 "한쪽 다리를 돌멩이로 고"여야 균형이 잡히는 온전한 것이 아니다. 술과 안주를 얹은 개다리소반도 "낫살이나 잡쉈는지" 이빨이 빠져 있다. 이 모든 것들은 강변주막의 오랜 연륜을 보여주는 소도구의 역할을 훌륭히 감당해내고 있다. 지금의 주모도 나이가 들어 불뚝 나온 배로 '뒤뚱뒤뚱' 걷는다. 주모의 모습에서 시인의 익살이 작렬한다. 후배위라면 몰라도 정상위로는 힘들겠다고 느닷없이 성합의 체위를 들먹거린다. 이들의 수작에 "사금파리처럼 반짝이는 금강물이 고운 눈을 흘기며 지나"간다.(이 시의 백미다.) 여기까지가 첫째 서사다.

비록 돌을 고여야 균형을 잡는 대나무 평상 위지만, 이빨 빠진 개다리소반을 받았지만, 주모의 배는 앞으로 나왔지만, 강바람에 "뒷덜미가 꽤 시원"하고, 강물이 반짝이며 "고운 눈을 흘기며 지나"가는 이곳이야말로 우리의 꿈이 머무는 곳이다. 시인은 바로 우리를 이런 장소로 이끌고 있는 것이다. 또한 시인은 오래된 강변주막을 서경하고 있지만 그곳 사람과 삶, 그리고 그곳에 딸려 있는 근천맞은 사물들에 대해서도 따뜻한 시선을 거두지 않는다. 그리고 그것을 우리에게 보여주고 있는 것이다.

시인은 이집에서 있었던 옛날의 일을 회억한다. 서편제의 '송화' 같은 남도 계집이 째보선창(군산)을 지나서, 곰나루(웅포)를 얼씬거리다가 어찌어찌 이곳까지 흘러온

일이 있다. 그들은 진한 사랑을 나누었던 것 같다. 저녁나절 금강에 가보면 안다. 노을이 얼마나 붉고 아름답게 타오르는가를. 그들의 사랑은 바로 금강의 마지막 타는 노을처럼 고왔다. 함께 있는 동안 그들은 격정으로 타올랐다. 대낮에 밖에서 속치마만 입고 춤을 추는 사람이 있던가. 틀림없이 야밤에 다른 사람 없는 방 안에서 벌어진 일이다. 둘은 '술'에 미쳐서 '살냄새'에 미쳐서 "금강 물소리마냥 흐느적"거리며 춤을 추었다. "속치마가 흘러내리도록" 춤을 추었다. 속치마가 흘러내리면 무엇이 남나?

그만하자. 그런데도 화자는 춤춘 것밖엔 모르겠다고 시치미를 뗀다. 화자는 별리의 아픔에 징징대지 않는다. "금강물이 아주 흐르지 않는대도" 모를 뿐이라고 담담하게 강이나 바라보고 있다. 그것은 "아무도 캐내지 않은 노을"이었다. 허기야 그것은 캘 수도, 캘 필요도 없는 화자만의 황홀해서 슬펐고, 고와서 서러웠던 노을이어야 한다. 그들의 사랑은 이윽고 저녁노을처럼 스러지고 그녀는 또 어디론가 흘러갔을 것이다.

시의 마지막은 외상값 갚았다는 간단한 보고형식의 짧은 두 행으로 마무리 된다. 심상도 비유도 상징도 어떤 인과도 없는 건조한 보고문에 불과하다. 그러나 아무런 미학적 장치 없이 발생한 상황을 있는 그대로 진술하고 있는 것으로 보이는 이 짧은 행간에는 또 다른 서사가 함축되어 있다. 다른 것도 아닌 외상 술값을 30년 만에 갚는다는 일은 불가능하다. 혹 갚으러 갔다 해도 오랜 세월에 주인이 바뀌었거나 죽었거나 아예 술집이 없어져 버렸을 수 있다. 실상 화자는 30년 동안 계속 외상을 하고 갚고, 또 하고 갚아가며 이 집을 들랑거렸던 것이다. "서너 달포 전"에도 다녀갔다. 화자는 지금도 바로 그 집 평상에 앉아 있지 않은가. 그동안 그는 "아무도 캐내지 않은 노을"을 가슴 깊이 담고 여인의 행적을 뒷소문 했을 것이다. 30년이란 세월이다. 그는 송화의 노랫가락을 담고 흐르는 금강을 따라 갓개포구로, 칠산주막으로, 강경나루로 아마 부여, 공주까지 강 상류를 헤맸을 것이고, 남도로 길을 잡아 부안, 고창, 남원의 지리산 계곡까지 혼자만의 나그네 길을 걸었을 것이다. 그러나 노을처럼 고왔던 여인은 찾을 수 없고 무심한 세월의 더께만 두텁게 쌓여져 갔다. 바래봉의 철쭉 밭에서 한 송이 붉은 꽃으로 떨어지고 만 것인가. 가슴 아리는 서정적 이야기가 담긴 한 편의 영화처럼 마지막 짧은 두 행에는 격정적인 사랑과, 그 아픔과 무상함이 짙은 페이소스로 담겨져 있다.

조기호의 시편에는 단장이 녹아내리는 슬픔과 아픔이 종종 번득거린다. 그러나 눈물에 질퍽거리는 일은 전혀 없다. 오히려 시치미 떼고 남 얘기하듯 말하며 강물이나 바라보거나 혼자 구시렁대며 하늘만 쳐다보는 식이다. 그러나 강물을 보거나, 먼 하늘을 바라보는 시인의 눈에는 어른거리는 투명한 물기의 막이 있다. 그것을 살피는 일은 독자의 몫이다.

3.

그의 시에는 격발된 감정으로 눈물이 질퍽대는 일이 없

다고 했다. 그에게 눈물은 하품 끝에 소리 없이 배어나오는 일종의 자연적인 생리현상이다. 그러나 그것은 소리가 없어 더 깊어진 '속울음'이기도 하다. 시집의 표제작 「헛소리」를 보자.

내 하품으로 오염된 사무실의 체온이 찌뿌듯한 하오 3시의 끝동, 친구는 맞은편 소파에 앉아 예수 모가지만큼만 고개를 떨어뜨려 조울고 네가 가져다준 〈깅기아〉난 꽃잎이 연분홍 눈까풀을 내려 깐 새치름한 눈짓으로 삐끼마냥 간음을 하잔다
그건 질문도 없는 해답이다

하품 뒤 따라온 눈물은 그렇게 왔다

내 가슴이 월식만큼 파 먹히면서 풀풀 풍기는 썩은 내로 지독한 암울과 고독을 불러들이듯 데리고 온 속울음이 비어져 나온게다

한결 열어진 햇살을 켜고 돌 귀에 보청기를 꽂으면 너의 떨리는 그림자 들어와 쓰르라미 소리 기차 가는 소리 뜸북새 울고 윙윙윙– 태양이 우는 이명만 사무치게 들린다

아스라한 절벽 위 수로 부인의 초경보다 더 붉은 철쭉꽃이 쑥꾹새 울음으로 매달린 무주구천동 언덕길 낭떠러지에서 자동차가 다섯 바퀴 구를 때 들리던 소리, 오래 들은 노래 같은 소리들이 잠결 되어 몰려오고

가끔 귀신이 부르는 헛소리도 들려와

너무 웃자란 네 모습을 우두둑 꺾어서 하얀 휴지통에 버

린다. 해설피 강물처럼 멀리 멀리 돌아서 가을 편지마냥 눈물 가득 번진 얼굴이 되어 천년을 떠서 흐를 것이다.

–「헛소리」 전문

나른한 오후, 하품만 나는 사무실 정경의 묘사로 시가 열리는데 맞은편 소파에 앉아 있는 친구도 고개를 떨어뜨리고 졸고 있다. 첫 연부터 시인의 기발한 착상이 발동한다. 친구의 고개는 "예수 모가지만큼" 기울어져 있다. 그리고 "네가 가져다 준" 난 꽃잎은 "새치름한 눈짓으로 삐끼마냥 간음"을 하자고 한다. 나른한 오후의 정경에 '예수 모가지'와 '간음'이란 이질적 언어의 틈입은 갑자기 팽팽한 시적 긴장을 야기한다.

그러나 기울어진 모가지도, 간음하자고 눈짓하는 난꽃도 하품 뒤 따라온 생리적인 눈물처럼 '질문 없는 해답'이다. 시인의 사유는 '하품 후의 눈물'은 무엇을 의미하는가에 대한 질문으로 뻗어간다. 시인은 그 눈물이 "월식만큼 파 먹히면서" 발생한 "암울과 고독"의 "속울음"으로 간주한다. '하품 뒤 눈물'은 시인의 사유 끝자락에서 '고독의 속울음'이란 새로운 의미를 획득한다.

햇살 엷어져가는 오후의 사무실에서 시인은 잠결로 침잠하며 여러 소리를 이명처럼 듣게 된다. '쓰르라미 소리', '기차가는 소리', '뜸부기 우는 소리'가 들린다. 그리고 오래 전 철쭉꽃 붉었던 구천동 언덕길에 "자동차가 다섯 바퀴 구를 때 들리던 소리"까지 "귀신이 부르는 헛소리"처럼 들려온다. 이런 모든 소리의 근원은 '너', – 깅기아 난을 가져다 준 '너'인지, 구천동 추억 속의 '너'인지는 확실하지 않지만 – 시인의 가슴 속에 너무 웃자라버린 '너'에 기인하고 있다. 시인은 "웃자란 네 모습을 우두둑 꺾어서 하얀 휴지통에 버린다." 그래서 버려진다? 천만의 말씀. 그 모습은, 그리운 그 모습은 "눈물 가득 번진 얼굴"로 강물 위에 "천년을 떠서 흐를 것이다." 참으로 서정의 진수를 보여주는 문장으로 이 시는 마감되고 있다. 잊으려 고개를 흔들어도 "가을 편지마냥 눈물 가득 번진 얼굴"로 다가서는 '너', 그 얼굴은 시인의 가슴에, 또한 우리 모두의 가슴에 마냥 파고드는 얼굴이다.

시인은 평상시 대화를 나눌 때에도 방언과 비속어를 남발하며 세상을 농한다. 그러나 그의 우스갯소리에는 염화미소의 사유가 녹아들어 있다. 그는 사유한다. 일상을 사유하고 그 사유를 또 다시 넘어서는 끝없는 사유를 계속한다. 그러나 양반다리를 꼬는 법은 없다.

> 깨달음이 바람 같아서
> 천지간에 무던히 쓰여 있네.
>
> 이른 새벽
> 베갯잇 사이로 감도는
> 정갈한 순리 하나 붙들지 못하고
>
> 내 아무리 구절초꽃 무늬로 울어도
> 사유思惟는
> 나무로 깎아 만든 풍경 소리로 지네
> (중략)
>
> 솔찬히 철든 가을 앞에 앉아

이제야 철을 배워서
온 세상을 터득하였네

인생은 짧다가도
모질게 길고 길어지는 것

〈마릴린 먼로〉의 치맛자락마냥
보일 듯 보일 듯
설미친년 단속곳만큼도 안 보여주는 것을

—「사유思惟 1」 부분

세계는 이미 존재하는 것이다. 세계는 이미 주어진 것으로 우리가 직접 경험하는 현실이다. 세계는 인간과의 관계에서만 사유될 수 있는 것으로 어떤 무엇도 이 직접적인 소여所與의 의미를 버릴 수 없고 버릴 이유도 없다.

깨달음이라는 것도 세계와의 관계에서 비롯된다. 깨달음이란 무엇인가. 아니 도대체 무엇을 깨닫는다는 것인가. 시인은 한마디로 잘라 말한다. 그것은 이 세계 천지간에 다 쓰여 있다고. "이른 새벽 베갯잇 사이"에도 깨달음의 순리는 감돌고 있다고.

시는 이미 결론이 났다. 문제는 도처에 깔려 있는 그런 깨달음을 시인이 "붙들지 못하고" 있다는 반성적 자각이다. 시인의 사유는 "아무리 구절초꽃 무늬로 울어도" "나무로 깎아 만든 풍경 소리로" 지고 만다.

그가 "솔찬히 철든 가을 앞에 앉아" 겨우 터득한 것은, 아니 '온 세상'을 터득한 것은 "인생은 짧다가도 모질게 길고 길어지는 것"이라는 것이다. 그렇다. 인생은 어처구

니없게 짧기도 하고 모질게 길기도 하다. 깨달음이 별것인가. 다 생각하기 나름이다.

아무리 그렇다 해도 '인생은 짧기도 하고 길기도 하다'는 것은 너무 싱겁다. 무어 대단한 것도 아닌, 아무나 할 수 있는 '헛소리'처럼 들리는 말이다. 시인이 인생의 가을이 돼서야 터득한 평범하고 단순한 이 말, 여기에 강력한 역설이 작동된다. '언어도단'이란 말이 있다. 인간의 말로는 그 길이 단절된, 즉 도무지 형언할 수 없는 절대적 세계를 뜻한다. 그러나 그 절대적 세계를 깨닫기 위해 좌선면벽하는 사람도 있다. 궁둥이가 짓무르게 앉아 수십 년 벽만 쳐다봐도 언어도단의 세계는 "보일 듯 보일 듯" 보이지 않는다. "설미친년 단속곳만큼도" 보이지 않는다. 그러고 나서 깨달았다고 한 마디 갈파했다 하자. 그러나 그 말은 미친년 단속곳도 못 보고 한 말이다. 그야말로 언어도단의 헛소리다. 차라리 누구라도 할 수 있는 말, 즉 '인생은 짧고도 길다'라는 역설이야 말로 진정한 깨달음이 무언가를 일깨우는 가치 있는 '헛소리'가 되는 것이다. 시인은 깊은 사유를 통해 늦게야 깨달음을 얻는다. 그것은 너무나도 평범한, 소위 우리가 말하는 '헛소리' 같은 소리였다. 고로 시인의 「사유」는 「헛소리」와 상동관계를 갖는다.

4.

역사는 한 인물이 살아 있는 것처럼, 그의 존재가 보이는 것처럼 기록하지 않고 그 이름과 사건만을 나열함으로 지루해진다. 그러나 그 역사를 만든 사람이 그 사건을 어떻게 보았고 느꼈는가, 그때 그의 모습은 어땠는가, 즉 감각할 수 있는 하나의 존재에 대한 인식이 개입되게 되면 그것은 즉시 우리의 흥미를 유발한다. 이는 문학의 경우에도 마찬가지다. 그러나 감각적인 존재로 우리를 흡인하여 재미를 유발시키는 인물을 작품 속에서 만나기가 쉽지 않다. 고금을 통해 수많은 작가가 수많은 사람들에 관해 글을 썼지만 한 존재가, 바로 내 코앞에서 울고 웃고 한숨 쉬는 것처럼 생생하게 느껴지게 쓴 글이 보기 힘든 것은 왜인지 의아스러울 정도다. 그만큼 인물에 대한 글쓰기는 어려운 일에 틀림이 없는 것 같다.

'평안도 어느 산 깊은 금점판'에서 백석은 '파리한 여인에게서 옥수수'를 산 일이 있다. 시인은 그 여인이 "나이 어린 딸아이를 때리며 가을밤같이 차게 울었다"고 묘사했다. 나는 지금도 이 구절만 뇌이면 즉시 가슴이 저려온다. 가진 것 없는 사람이지만 당장 옥수수라도 다 팔아주고 여인의 어깨를 두드려주고 싶다. 그리고 조기호가 그려내는 인물을 생각한다.

저렇게 더듬거려서
어떻게 국어선생을 해먹었다냐?
– 그래도 글은 막힘없이 아주 잘 써요
후백제 술꾼 진동규 시인의 대답이었다

두꺼비 손을 들이밀며
악수를 청하고 자기 이름 우물거릴 때부터
나는 '아우 문창'이라고 부르기로 작심을 했다

썩을 놈 가소로운 녀석
지가 어떻게 '형 문창'이겠는가
'아우' 문창이면 '아우문창'일 것이지

그런데 이것 봐라!
나보다 술을 더 맛있게 마시네
두꺼비 파리 채 먹듯
저 더듬거리는 입술로 베어 먹는 솜씨가
하아– 소문난 술꾼 진동규보다 훨씬 윗길일세 그려

지가 아끼는 여류 문인 제자에게
'꼴리는 대로 하라'는 비속어를 가르쳐 놓고도
상수리 열매보다 더 커다란 두 눈을
끔벅도 않고 소주잔만 낚아채 먹는 저녀러 해학

–「막 이야기꾼 아우 문창」 부분

조기호의 이번 시집에는 예외적으로 인물에 관한 시편이 산재하며 빛을 뿜고 있다. 독자는 한 인물이 밀접하게 다가와 생생하고 진정한 모습을 보여주기 바란다. 그런 모습을 포착하여 독자에게 인식시키는 일이 쉬운 게 아니라고 이미 말했다. 내가 역사를 들먹이고 백석까지 들먹이는 것은 바로 이런 이유에서이다. 우리가 어떤 인물이 어떻게 보인다고, 예로 한 여인이 머리숱이 많고 눈이 크며 코가 오뚝하고 입술이 붉다는 식으로 말해서는 그녀는 생생하게 받아들여지지 않는다. 아니, 그녀에 대해 아무 것도 말하지 않은 것이나 진배없다. 이런 여자는 티브이에서도 하룻밤에 수백 명이나 볼 수 있다. 또한 그녀는 말랐거나 통통하거나, 크거나 작은 사람일 수도 있다. 이런 일반적인 묘사는 전혀 도움이 되지 않는다. 또한 눈썹의 길이, 미간의 폭, 코의 높이, 귀의 크기를 정확한 치수로 묘사한다고 해도 마찬가지다. 이런 식으로 묘사하다가는 두툼한 책 한 권을 써야 될 것이며 독자들은 첫 페이지부터 하품하다 누워버릴 것이다. 위의 경우들은 물론 우리에게 상상력의 계기도 만들지 못하고 활성화시키지도 못한다. 그러나 '어린 딸아이를 때리며 가을밤같이 차게 울고' 있는 '파리한 여인'의 모습은 즉시 우리에게 그녀의 신산한 삶과 슬픈 운명을 상상하게 만들고, 그녀에 대한 강한 연민에 가슴이 머터지게 만들게 되는 것이다.

위의 시는 작년에 갑자기 타계한 소설가, 형문창에 대해 쓴 글이다. 역시 술집을 배경으로 화자가 본 작가를 묘사하고 있는데, 우리가 익히 알던 그의 생전 모습이 놀랍도록 생생하게 다가온다. 우선 첫 연에서 우리는 그가 가끔 말을 더듬었던 사실을 상기하게 된다. 그런데 뒤에 따라오는 '글은 막힘없이 잘 썼다'라는 진술은 앞의 '말을 더듬었다'와 선명한 대비를 이루며 그의 버릇을 돋보이게 한다.

둘째 연에서는 형문창이라는 인물을 결정적으로 그려낸다. "두꺼비 손"으로 악수하고 "자기 이름 우물거릴 때"부터 시인은 그를 "아우 문창이라고 부르기로 작심"한다. 우리는 그의 두툼한 손을 보게 되고 더듬거리는 말을 다시 듣게 된다. 그의 성씨는 '형'이다. 따라서 화자는 그의 성을 부르면 '형兄'이 됨으로, 가소롭게도 어찌 자기가 '형'

문창이 되냐고 '아우' 문창이라고 부르겠다는 것이다.(이 소설가는 필자를 처음 만나자마자 모래내시장 술집으로 끌고 가 서로 호형호제하기로 했는데 필자의 성이 '호'인지라 그는 나를 계속 '호형'이라 불렀지만 나는 그냥 '형'이라고만 했다. '형형'이라 부르기는 좀 이상하지 않은가.) 사람의 이름을 이처럼 뇌이다 보면 그는 정말 우리의 뇌리에 선뜻 다가와 서있음을 느끼게 된다.

다음 연은 그가 술을 즐겨했음을 진술하고 있다. "두꺼비 파리 채 먹듯"과 "더듬거리는 입술"은 그의 모습을 다시 상기시키지만 동시에 술을 맛있게 마시는 '형용'과 그 '도구'로 모습의 특성이 다시 활용된다. 여기에 '비교'가 곁들여지고 있다. 진동규 시인보다 시적 화자인 자신보다 '윗길'이라는 표현은 우리로 하여금 그가 얼마나 멋진 왕 술꾼이었는가를 단박에 알 수 있게 한다.

마지막 연에서는 그의 얼굴의 한 특성과 그가 무슨 술을 즐겨했는지를 함께 보여주고 있다. 그는 엉뚱한 소리로 사람을 웃기고 자신은 "상수리 열매보다 더 커다란 두 눈"을 끔벅이고만 있는 일이 있었다. 물론 웃으면 볼의 살 덕분에 그 눈이 단춧구멍처럼 작아지기도 했지만. 이 구절을 보며 변산 바닷가 길바닥에서 아침에 일어나보니 바로 옆에 자던 그가 소 같은 눈을 끔벅이며 바라보던 생각이 가슴을 후빈다. 이처럼 한 사람의 특징적인 모습은 선연하게 그를 떠오르게 한다.

물론 그가 즐겨 마셨던 술은 "소주잔만 낚아채 먹는" 것처럼 소주다. 그것도 다른 소주는 비리다고 지역 소주인 '하이트'만 찾았다. 그의 아호도 '소주'였다. '꾸밈없는 배'라는 뜻의 '소주'였지만 여하튼 소주 형은 소주만, 그것도 하이트만 찾다 갔다.

5.

시인은 한정된 시간에, 한정된 공간에서 만난, 한정된 한 인물을 묘사하고 있다. 때는 형문창과 처음 인사하던 날이고, 장소는 술집이다. 만약 시인이 한 인물의 전 생애를 압축하여 말하고자 한다든가 그 인물이 일상에서 어떻게 보였는가를 하나의 인상으로 간략하게 말하려 한다면, 더구나 그 인물이 밀접하게 진정성으로 다가온 듯 말하려 한다면, 전술한 바와 같이 보통 힘든 일이 아니다. 한 술꾼이 있다 하자. 그를 간략하게 진술하려면 그의 특징적 행위를 묘사하려 할 것이다. 그렇다고 '그는 매일 밤마다 술을 마시러 나갔다'고 한다면 어찌 될 것인가. 실패다. 이 경우 진동규 시인이나, 화자나, 이 글을 쓰고 있는 필자나 거의 토진개진이 되고 말지 않겠는가. 그러나 조기호는 한정된 시공간의 한 인물을 포착했음에도 불구하고 그의 생애 전반에 걸쳐 뻗어나가는 특징을 시 세 연으로 거의 완벽하게 압축시키고 있다. 확실히 형문창은 말을 더듬었으며, 두꺼비 손을 가지고 있었고, 자주 눈을 끔벅거렸다.(가끔 코도 킁킁거렸다.) 또한 술을, 그것도 소주를, 그것도 하이트를 아주 즐겨 마셨다. 또한 그는 '형'씨였고 '아우'라는 의미의 대척점에 선 '형'과의 동음이의어로 이름에 대한 에피소드도 많았다. 시인은 위의 시를 통하여 생생한 한 인물을 우리 옆에 데려다 놓았다. 그는 시방 소주 한 잔 하러 진밭다리로 가자고 눈 끔벅거리며 웃고 있다.

시인이 좋아하고, 그래서 시로 쓰는 인물들은 대단한 사람이 아니다. 그러나 사람을 끄는 독특한 마력이 있는 사람이다. 그렇다고 시인은 그들이 좋다거나 훌륭하다고 한 번도 말하는 법이 없다. 오히려 앞의 주모는 "에라이 오사서 빼 죽일녀러 가시내야"라는 말을 거침없이 내뱉는 욕쟁이요, 강변주막의 송화는 '술'에 미치고 '소리'에 미쳐 "속치마가 흘러내리도록" 춤이나 추는 여인으로 묘사된다. 그런데도 이들은 알 수 없는 무엇으로 사람을 끄는 강한 자력을 가진 사람들이다. 독자들도 정확한 이유를 모른 채 이들을 사랑하고 그리워할 수밖에 없다. 사랑하고 그리워할 또 한 사람을 보자.

그 녀석 입버릇대로
드으런 놈이 갔다
개병호 연락받고 허겁지겁
부랴부랴 대학병원 영안실로
달려갔더니만

제까짓 녀석이
영정사진으로 높이 앉아
감히 나를 내려다보며
내 절을 두 번 반씩이나 받아먹었다
고개를 끄덕거리며
건방진 녀석 같으니라고

–「개찬이의 추억」 부분

시인이 자신의 오랜 친구였으며, '문예가족'을 만들어 초창기부터 함께 동인으로 활동했던 이용찬 선생의 부음을 듣고 달려간 영안실의 안타까운 모습을 그리고 있는 시다. 시인의 슬픔은 무엇과 비할 수 없이 크다. 아이처럼 소리 내어 울지는 못해도 가슴 속에 통곡을 하며 그 자리를 지켰을 것이다. 어떤 평론가들은 시인은 작품이라는 허구 속에서 자신의 꿈을 그려 대리만족을 얻는, 과대망상증 증세가 있는 일종의 정신병자로 보는 지나친 견해를 말하기도 한다. 즉 시작품을 작가의 직접적인 고백적 진술로 전제하고 그 진술의 동기를 정신분석적으로 따져보면 결국 어떤 정신적 상처를 발견할 수 있다는 것이다. 나는 이에 견해를 달리한다. 사건이나 행위는 반드시 객관화의 과정을 거쳐 형상화 되기 때문이다.

시인은 어쩌면 보통 사람보다 훨씬 감수성이 예민한 사람임에는 틀림없는 것 같다. 그러나 그도 슬플 때는 슬퍼하고 기쁠 때는 기뻐하는 우리와 같은 평범한 인간이다. 친구의 죽음 앞에 지필을 찾아 그 슬픔을 끼적거리는 시인은 없다. 혹 그렇게 한다 해도 그것은 시가 되지도 않는다. 그 순간에는 우리처럼 그도 슬퍼할 뿐이다. 작품은 경험과 직접적이고 동시적으로 발생하는 것이 아니다.

위의 시는 친구의 죽음을 객관화하여 바라본, 상당한 시간적 거리가 발생한 후 그 슬픔의 기억을 문자화·예술화시킨 것이다. 시인은 자신의 체험이든, 남의 체험이든, 상상적인 체험이든 객관적 거리를 지키며 작품을 깎는다. 즉 '우는 이야기'를 눈물 없이 쓰게 되는 것이다. 그렇게 함으로 '우는 이야기'는 일상의 상투성을 탈각하고 신

기성과 의외성으로 독자의 가슴을 때리는 명편의 시로 형상화 될 수 있는 것이다.

시인은 고인을 다짜고짜 "드으런 놈"이라고 부른다. 그런데 이용찬 선생은 평소 세상을 '드으럽게' 보고 '드으런' 이라는 형용을 자주 썼던 것 같다. 이런 사소한 말 습관이 "그 녀석 입버릇대로"에 여실하게 나타난다. 그의 생전 모습이 성큼 다가온다. 슬픈 소식은 이병호 선생으로부터 전해 받는데 평시 부르던 대로 그를 '개병호'로 부른다. 이들이 오랜 친구였음이 당장 드러난다. 시인의 모든 안타까움과 슬픔은 단 두 개의 부사 '허겁지겁'과 '부랴부랴'에 모두 압축되어 묘사된다. 부음을 듣자마자 조급한 마음으로 몹시 허둥대며 달려가는 모습이 선연하다. 이것저것 무슨 생각을 하고 무엇을 챙겨 본다는 말인가. 옷이나 제대로 걸치고 나갔는지 모르겠다. 영안실로 달려가는 화자의 황망한 모습에서 무엇보다 큰 슬픔이 배어 나온다.

다음 연에서 대개의 독자들은 고인의 생전 모습이나 일화가 등장할 것으로 예상한다. 그러나 화자는 다시 다짜고짜 "제까짓 녀석"으로 부르며 의외의 발언을 한다. 고인이 "영정사진으로 높이 앉아" 화자를 "감히" "내려다" 보고 있다는 것이다. 그리고 자신의 절을 "두 번 반씩이나 받아먹었다"고 사뭇 화가 난 듯 구시렁거린다. 따라서 고인은 "건방진 녀석"이 되고 만다.

우리는 이 시의 제목에서 화자가 고인을 개찬이라고 부르고 있음을 유념할 필요가 있다. 그들은 평소 이놈 저놈 하는 사이이다. 서로 호칭도 '개찬'이니, '때개오'니 부르는 사이다. 그런데 감히 "제까짓 녀석"이 어찌 먼저 가서 영정사진으로 '내려다보고' 있단 말인가. 두 번 반씩이나 절을 '받아먹고' 있단 말인가. 억장이 묻어나는 슬픔은 이처럼 '역설'의 슬픔으로 변화한다. '슬프니 슬프다' 같은 말은 슬픈 사람에게는 아무런 슬픔의 느낌이 없는 무감정의 슬픔이 될 뿐이고, 통곡보다 더한 슬픔은 자신보다 먼저 떠난 사람에게 "건방진 녀석"이라고 역설의 슬픈 푸념을 하는 것이 그 슬픔의 정도가 훨씬 더 깊어져 독자도 화자의 깊은 슬픔에 한층 더 다가가 함께 슬픔을 느끼게 된다. 작가의 내공이 확연히 느껴지는 부분이다.

6.

조기호의 시에는 언제나 사투리, 비속어가 질편하다. 당장 위에서 인용한 몇 개의 시편에서도 이런 질박한 어휘들이나 문장은 수두룩하다. 일반적으로 도저히 시어가 될 수 없을 것 같은 구어나 비속어들이 그의 시편 속에서는 어떻게 해서 빛나는 이미지와 상징으로 변환되는지 나는 그 이유를 아직도 정확히 파악할 수가 없다. 물론 시인의 독특한 언어구사가 창출해 내는 효과에 대해 나름대로 설명한 바 있다.

이런 질박한 언어들은 놀랍게도 우리의 존재의식을 강하게 제고시킨다. 또한 문자 그대로의 뜻뿐 아니라 새로운 시적 심상이 우리의 감각을 쑤셔댄다. 이런 언어의 구사는 아무나 하는 게 아니다. 지남철도 철이지만 특별한 자장이 있어 쇠붙이 쪼가리가 달라붙듯 조기호의 촉수에 걸린 비속어, 사투리 쪼가리들은 고개를 발딱 들고 일어서서 새로운 존재의미를 획득하고 있는 것이다.

—「놋요강에 소리 없이 소피보는 여인」, 『나비의 궤적』에서

효용론과 존재론으로 시인의 질박한 언어구사의 효과를 풀어내고 당시에는 그럭저럭 만족을 했지만, 고백하건대 왜 그런 효과가 발생하는지 지금도 그 정확한 이유를 설명할 수 없어 시인이 즐겨 쓰는 말처럼 '미치고 환장할 지경'이다.

개나리 개진달래꽃 개불알꽃 개벚나무 개똥참외 개살구 개밥바라기 떠서 웃어도 개나발 개발싸개 개방귀 개꿈 개떡 같은 것
개자 돌림 내 친구 개찬이 개몽눈이 개병호 개정환이 개원복이 일찌감치 별에 가서 반짝이는 드런 놈도 있어 개잡놈들 눈물 나게 보고 싶어지고
개다리소반에 파전 한 장 부쳐놓고 탁배기 두어 사발이면 우리 할아버지 곱장리 쌀 퍼주고 산 벼슬 개다리참봉도 부럽지 않아
개개비 개고마리 개꿩 개똥벌레 개똥지빠귀 마냥 훨훨 날아가서
개난초 개두릅 개망초 개머루 개머위 개쇠뜨기 개쑥부쟁이 개양귀비가 수런수런 어우러져 사는 골짜기에 나도 함께 뒹굴며 살았으면

—「개 타령」 부분

그야말로 '개' 투성이의 '개'판이다. '개'가 접두어로 앞에 붙으면 대개 진짜가 아니고 가짜란 것이고, 좋은 것이 아니라 나쁜 것이고, 소중한 것이 아니고 함부로 막 다뤄도 되는 것의 의미가 발생한다. 또한 보잘 것 없고, 시시하고, 허름하고, 빈약하다는 의미로도 '개' 자가 붙는다. '똥처럼'이나 '떡같이'보다는 '개똥처럼'이나 '개떡같이'가 강세를 가짐으로 강조를 위해 붙이기도 한다. '망신' 당하는 것보다 '개망신' 당한다는 것이 느낌이 세다. 그러나 우리 곁에 흔하고 함께 있어 정다움을 주기도 한다. '망초'는 건조한 느낌이지만 '개망초'는 정답다. 물론 '샛별'의 다른 이름인 '개밥바라기'나, 초여름 홍자색의 꽃이 피는 '개불알꽃'처럼 자체로 아름다운 고유의 이름을 가지기도 한다.

위의 시는 이런 여러 의미의 '개'가 뒤섞여 있다. 위의 시는 다섯 개의 행으로 구성되어 있으나 한 문장이다. 간략하자면 '세상은 다 개판이니 꽃피는 골짜기로 새처럼 날아가서 이런 것들과 함께 어우러져 살았으면'이라는 시인의 희망사항이다. 첫째 행은 정식 꽃 이름인 '개나리'도 있지만 시고 떫은 '개살구'도 있다. 이처럼 이 세상은 이것저것 뒤섞여 사는 한마디로 '개나발' 같은 세상이다. 다음 행에서는 산 자도 있고 죽은 자도 있는, '개' 자 붙인 친구들의 이름(실제 별명이다)을 거명하며 생사의 무상함과 허무함이 바로 지척에 있고 또 그것이 우리의 어쩔 수 없는 삶이라는 것을 상기시킨다. 따라서 화자에게는 돈과 권세도 부럽지 않다. 할아버지가 돈 주고 산 '개다리 참봉' 벼슬은 과연 무엇이던가. 차라리 파전 한 장에 탁배기 두어 사발이면 그게 더 족한 것이 아닌가. 다음 행에서는 하늘을 나는 새나 곤충이 등장한다. 개똥벌레나 개똥지빠귀나 하늘을 나는 것은 마찬가지다. 이들처럼 날아 화자가 가고 싶은 곳은 여러 꽃들과 열매나무가 어우러져 사는 골짜기다 그곳에서 화자는 그것들과 함께 뒹굴며 살고 싶은 것이다.

그렇다면 '개' 자 투성이인 이 문장의 문맥에는 의외로 한 인간이 지향하는 삶의 자세가 오롯이 담겨 있다. 상스럽고 천하게 보이는 '개' 자들은 심오하기까지 한 '시적 깊이'의 자장을 띠게 된다. 이번 시집의 대표작이라 할 수 있는 「위봉산성의 봄」을 함께 보며 논의를 심도를 높여보자.

아버지가 낚은 봄은 어머니였습니다

명주실꾸리가 서너 개 다 풀려도 끝이 닿지 않는다는 위봉폭포 깊고 캄캄한 용소에다 추졸산 호랭이 한 마리 미끼로 끼워 찌 없는 낚시를 드리우고 늘어지게 봄꿈을 꾸었습니다

천년을 뒤척이며 어둠 한 사발, 침묵 한 대접, 화두 한 접시 차려놓고 하늘 오를 날만을 고대하던 이무기가 태조 이성계 귀신을 지키던 위봉산성 성 참봉의 둘째 딸로 둔갑하여 유화부인이 해모수 사추리 물듯 호랭이를 덥석 물고 올라와서 어머니가 되었습니다

우리 아버지의 뱃대 치는 낚싯대 꼬임에 시절을 잘못 읽고 낚여온 어머니는 똘밤만 한 새깽이들 다섯 개나 만들어 놓고 저 혼자 훌쩍 도망가버린 서방 때문에 평생을 빨갱이

> 여편네로 징그럽게 고생고생하더니 이것도 용 못 된 이무기의 업이려니 피눈물을 씻으며 살다가 이승 뜰 땐 날름거리던 이무기의 갈라진 혓바닥도, 아직 덜 여문 여의주도 없이 용오름도 못하고 한 줄기 눈물만 주르르 흘리시면서 전설같이 승천하셨습니다.
>
> (중략)
>
> 참말로 미치도록 환장하게 꽃물결 이룬 위봉산성 진달래꽃은 위봉폭포 이무기가 서러워서 못다 운 용틀임 눈물, 우리 어머니 저승 가실 때 마지막 흘리시던 눈물 색깔로 이 봄을 울고 자빠졌습니다.
>
> —「위봉산성의 봄」 부분

시는 시원을 이야기하는 신화의 형식으로 웅장하게 시작된다. 화자의 부친은 어느 봄날 "깊고 캄캄한 용소에다" 호랑이 한 마리를 미끼로 해서 "찌 없는 낚시를 드리우고" 낮잠을 잔다. 바로 이 '호랑이 미끼'를 덥석 물고 올라온 분이 화자의 모친이다. 그녀는 "천년을 뒤척이며", "하늘 오를 날만을 고대하던 이무기"였다. 어마어마한 사건이 화창한 봄날, 봄꿈 한 번 꾸는 사이에 이루어지고 마는 경이에 독자들은 입을 다물지 못한다.

그런데 조기호 특유의 언어는 절대적 과거를 대서사시적 어조로 장중하게 묘사하는 가운데도 어김없이 침투하여 자리를 잡는다. 그는 어머니가 미끼를 무는 이 장면을 "유화부인이 해모수 사추리 물듯"이라고 형용한다. 이 거창한 사건은 여자가 남자의 '사추리'를 무는 것과 다름이 아니라는 것이다.

다음 연에서는 구어나 비속어가 본격적으로 등장한다.

어머니는 아버지의 '낚시' '꼬임'에 "시절을 잘못 읽고" 낚인 것이다. 그리고 그녀는 자식 다섯과 함께 신산한 인간의 삶을 살게 된다. "똘밤만 한 새깽이들을 다섯 개나 만들어놓고 저 혼자 훌쩍 도망가버린 서방 때문"이다. 그래서 어머니는 "평생을 빨갱이 여편네로 징그럽게 고생고생"하시다가 결국은 "한 줄기 눈물"로 이승을 뜨고 만다.

시인의 아픈 가족사는 자주 각도를 달리하며 그의 시세계 속에 형상화 된다. 예로 "고지 먹은 장리쌀이라도 갈라 먹던 사람들, 그 차지고 두텁던 인심들"이 바로 부친으로 인해 "행여 다칠세라 호열자 용천배기 보듯 피하여 에둘러 고샅을 멀리 돌아서 가는 집"(「아리운 이야기 10-빨갱이네 집」, 『아리운 이야기』)이라고 자신의 슬픈 가족사를 노래한다. 여기서 주목할 것은 질박한 언어로 표현되는 부계와 모계의 공간적 이미지다. 어머니는 울안의 대추나무처럼 집 안에 있다. 밥 짓고, 빨래하고, 청소하고, 여러 자식들까지 키우며 '징그럽게 고생'하며 집안에서 산다. 즉 '안의 공간'에 갇혀 산다. 그러나 아버지는 일찌감치 "빨갱이 여편네"라는 모욕만을 부인에게 남기고 울 밖의 먼 곳으로 떠난다. 바람처럼 정착을 모르고 도주하는 '밖의 공간'의 이미지로서만 존재한다. 조기호는 질박한 언어구사 속에서도 안과 밖, 갇혀진 것과 열려진 것, 매인 것과 풀린 것의 대조를 교묘하게 병치시킨다. 이는 안으로 집중하는 '파라노이아(편집증)'와 밖으로 비산하는 '스키조프레니아(분열증)'의 대립된 특성에서 인간의 문화와 행동양식을 설명하는 들뢰즈와 아주 부합된다.

중략된 다음 연은 진달래꽃이 지천으로 핀 '위봉산성 사십 리 성터'의 '봄'을 그리고 있다. 그런데 시인은 또 이 진달래꽃이 '어머니 젖꽃판' 닮았다고 말한다.

마지막 연은 어머니에게 바치는 헌사다. 나는 시인이 서사시적 어조로 이 시를 열었다고 했다. 서사시적 과거는 모든 것의 근원이자 시초로 그것은 그 자체로 완결성을 갖는다. 따라서 시인은 접근 불가능한 신화에 대해 이야기하는 존재로, 그 이야기는 존경에 가득 찬 후대인의 관점에서 비롯된다. 조기호는 어머니를 존경하고 그리워한다. 그렇다고 해서 진자리 마른자리 보살피시던 어머니의 고생 얘기를 나열하고 눈물을 질금거리며 존경과 사랑의 헌사를 드리는 것은 결코 그의 스타일이 아니다. 위봉산성의 진달래는 이 봄에도 "참말로 미치도록 환장하게" 꽃물결 이루고 있다. 이 꽃물결은 바로 용이 못되고 승천하신 어머니의 눈물이자 그 눈물을 위한 물결이다. 또한 꽃들은 "우리 어머니 저승 가실 때 마지막 흘리시던 눈물 색깔로 이 봄을 울고 자빠졌"다. 진달래는 붉다. 어머니의 눈물 색깔이 진달래색이라면 그건 바로 피눈물이 아닌가.

이 연에서 "우리 어머니"라고 부르는 '우리'라는 말이 가슴을 뭉클하게 한다. 모처럼 시인의 간절한 속내가 '우리 어머니'라는 호칭에서 여실히 드러난다. 시인은 '어머니 젖꽃판' 닮은 진달래꽃이 '미치도록 환장하게' 물결을 이루고, 그 꽃들이 어머니의 눈물 색깔로 울고 '자빠졌습니다'고 정제되지 않은 언어로 투박하게 말한다. 그러나 바로 그 말투 속에서 독자들은 시인의 어머니에 대한 사랑을 느낀다. 오히려 더 깊고 진한 사랑을 느낀다.

7.

조기호가 특이하게 구사하는 질박한 언어는 문맥으로 서로 연결되며 오히려 사유의 '시적 깊이'를 가진 자장을 띠게 된다. 이런 언어는 또한 안의 공간과 밖의 공간, 닫힘과 열림, 높음과 낮음, 매임과 풀림 등의 대척점을 교묘하게 병치시키는 힘이 있다. 뿐 아니라 그의 질박한 어휘들이나 문장은 자신의 감정을 직설적으로 토로하는 것처럼 보이지만 실은 격발된 감정을 걸러내고 약간의 충격으로 작동함으로 원초적 정서와 긴밀히 연결되어 결국 그 감정이 더 웅숭깊게 표현되는 효과를 만들어낸다.

시어가 될 수 없을 것 같은 언어들이 왜 그의 시편 속에서는 빛나는 이미지와 상징으로 변환되는지 어쭙잖게라도 그 이유를 나 나름대로 고민한 결과다. 물론 콩밭에 소 풀어 놓고 괴발개발 떠든 것 같은 마음을 떨칠 수 없다.

시 몇 편을 보았는데도 글은 길어지고 장황해졌다. 언제 또 초포 선생의 '글에 대한 글'을 다시 쓸 수 있을 것인가 하는 쓰잘 데 없는 걱정과 함께, 각별한 스승이자, 문단 선배이자, 문학 동인인 시인에게 실컷 응석이라도 부리고 싶은 마음도 스멀스멀 작용하여 이렇게 번쇄한 글이 된 것 같다.

건필과 강녕하심을 기원한다.